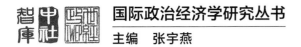

国际政治经济学研究丛书

主编　张宇燕

The Asian Infrastructure Investment Bank in a
Changing Era :New Institution and New Roles

变革时代的亚投行：

新机制与新角色

徐秀军　冯维江　著

中国社会科学出版社

图书在版编目（CIP）数据

变革时代的亚投行：新机制与新角色/徐秀军，冯维江著.—北京：中国社会科学出版社，2019.4

（国际政治经济学研究丛书）

ISBN 978 – 7 – 5203 – 4144 – 8

Ⅰ.①变…　Ⅱ.①徐…②冯…　Ⅲ.①国际投资银行—研究—亚洲　Ⅳ.①F833.03

中国版本图书馆 CIP 数据核字（2019）第 044657 号

出 版 人	赵剑英	
责任编辑	郭　枭	
责任校对	李　剑	
责任印制	王　超	

出　　　版	中国社会科学出版社
社　　　址	北京鼓楼西大街甲 158 号
邮　　　编	100720
网　　　址	http://www.csspw.cn
发 行 部	010 – 84083685
门 市 部	010 – 84029450
经　　　销	新华书店及其他书店

印　　　刷	北京明恒达印务有限公司
装　　　订	廊坊市广阳区广增装订厂
版　　　次	2019 年 4 月第 1 版
印　　　次	2019 年 4 月第 1 次印刷

开　　　本	710×1000　1/16
印　　　张	16
字　　　数	201 千字
定　　　价	68.00 元

总　序

张宇燕[*]

为了繁荣和发展中国哲学社会科学，2016 年中国社会科学院推出了"登峰计划"，力求重点打造一系列优势学科。世界经济与政治研究所承担了两项优势学科建设任务，国际政治经济学便是其中之一。将国际政治经济学作为研究所优势学科之一加以建设，主要出于三点考虑：其一，在经济与政治相互作用与融合越发深化的世界中，以经济学视角看待政治、以政治学视角看待经济，或是以政治经济学视角看待世界，实乃大势所趋，而且也是发挥世界经济与政治研究所优势的有效途径；其二，当今世界的许多大事，比如全球治理、打造新型国际关系、构建人类命运共同体等，都需要有跨学科的、特别是政治与经济相结合的理论探讨与政策手段；其三，研究所有一批熟稔世界经济和国际政治的专家学者，他们在各自的研究领域内都取得了不小的学术成就。

---

* 作者系中国社会科学院学部委员，世界经济与政治研究所研究员、所长。

　　国际政治经济学并不是一个新学科。长期以来，它作为国际政治学或国际关系学的一个重要分支存在了数十年，其基本研究路径是以政治学和历史学为基础对国际或全球经济问题加以研究。近年来，越来越多的学者以经济学、特别是经济学中的政治经济学理论来分析国际政治或国际关系，并尝试在此基础上发展出一门新的学科分支——国际经济政治学。今天的世界和今天的中国一方面从昨天走来，另一方面又与昨天有显著的不同。一度势不可当的全球化如今进入崎岖的历史路段便是一例。面对新形势，形成以马克思主义为指导、有中国特色国际政治经济学，对身处中华民族伟大复兴新时代的中国专家学者而言既是机遇，更是责任。

　　在众多国际政治经济学可以施展的研究领域中，对"一带一路"建设的研究应该是最能发挥其独特优势的领域了。"一带一路"建设既是研究我国改革发展稳定重大理论和实践问题为主攻方向之一，也是发展中国理论和传播中国思想的重要依托。这一点可以从"一带一路"建设的五大内容——即与政治经济均高度相关的"五通"——中得到充分反映。自 2013 年"一带一路"倡议提出以来，中国一直大力推进并且取得了一系列积极成果，其国际声势也达到了前所未有的高度。当前，中国经济发展进入新时代，外部经济环境不确定性明显增多。为了今后更好地推动"一带一路"建设，实现全球共享发展，对"一带一路"的战略意义、目标设定、实施手段、风险规避等都需要进一步思考。为此，我们将重点关注"一带一路"等重大问题，深入探讨新时代中国与世界的互动关系，并将陆续出版优势学科建设的成果，不断推动国际政治经济学的理论进步与学术繁荣。

　　一些上面提到的综合性全球性议题的不断出现，也自然而然地把世界经济和国际政治学者聚拢到了一起。参与世界经济与政治研究所国际政治经济学优势学科建设的研究人员，主要来自国际战略研究室、国际政治经济学研究室和国家安全研究室的研究人员。作为世界经济与政治研究所国际政治经济学优势学科的负责人，同时作为本丛书的主编，在此我特别感谢读者的关注，也希望读者提出批评与建议。

2019 年 2 月

目　录

前　言

全球治理变革时期的大国博弈

2008 年国际金融危机后，全球治理开始进入一个深度变革的时期，国际社会各种错综复杂的双边和多边关系随之进行了适应性调整，大国之间的博弈呈现出一系列新的特征。总体来看，这些特征主要表现在以下三个方面。

首先，南北大国关系发生深刻变化。在经济实力对比方面，金融危机后新兴市场与发展中国家整体上实现了对发达国家经济总量的超越。2018 年 10 月国际货币基金组织世界经济展望数据库数据显示，2008 年新兴市场与发展中国家按购买力平价计算的 GDP 规模达到 42.86 万亿国际元，而同期发达国家的经济总量为 40.80 万亿国际元。随着发展中国家经济实力的迅速崛起，现行全球治理机制界定的利益分配格局变得越来越不合理，其合法性也日益受到质疑。与此同时，发达国家与发展中国家内部经济增速也都出现了不同程度的分化，全球经济因此处于一种不均衡发展的状态。这种经济实力结构的变化，毫无疑问将导致全球利益结构的分化。

其次，大国博弈日益集中在全球治理规则变革上的较量。随着全球化的深入发展，规则和机制在协调国际关系、治理全球问题方面的作用变得更加重要。为此，全球主要大国围绕规则制定权的争夺表现得更加突出，并由此引发国际规则的新一轮变革。总体来说，国际规则的变革主要包括两个方面：一是现有国际规则与机制的改革，包括联合国、世界银行、国际货币基金组织等国际组织的治理结构改革；二是一些新的规则和机制不断涌现，包括二十国集团、金砖国家等国际协调机制以及跨太平洋伙伴关系协定（TPP）①、跨大西洋贸易与投资伙伴协定（TTIP）等国际贸易投资等领域新规则的谈判。这种驱动规则变革的需求是双向的：新兴国家谋求建立更加公平合作的治理体系，发达国家则希望通过制定新的规则建立对自己更有利的新体系。

最后，大国政治与经济博弈的联动性不断强化。第二次世界大战以来，国际上的政治与经济关系的发展演变大致经历了以下三个阶段：一是在第二次世界大战后的冷战期间，东西方关系主要表现为政治上的竞争，两个市场之间的经贸往来几乎只局限于体系内部的交流；二是冷战结束到21世纪初，东西方市场逐步实现融合，政治因素对经济交往的制约作用下降，世界由此进入真正的经济相互依赖时代；三是2008年国际金融危机后，随着各国经济交往的加深，利益不断分化，以前在很多领域中可以互相妥协的利益已分配完毕，以至于每一次经济谈判背后都会隐藏着政治上的博弈，国际政治与经济的关系不仅不可割裂，而且更加复杂多样。

---

① 由于美国退出协定，TPP已更名为全面与进步跨太平洋伙伴关系协定（Comprehensive Progressive Trans-Pacific Partnership，CPTPP）。

在此背景下，倡建亚投行可以说是顺应了全球治理变革的发展大势，也是大国关系深刻调整的产物。主要体现在：一方面，中国倡议建立亚投行反映了包括亚洲新兴国家在内的广大发展中国家的利益诉求；另一方面，亚投行也是对全球治理规则变革的现实回应。

亚投行孕育大国治理新格局

亚投行自倡议之初就受到了国际社会的广泛关注，并且随着筹建和运营有条不紊地推进，亚投行的关注度有增无减。究其原因，主要因为它是一个由新兴国家主导成立的国际多边治理机构。近年来，以中国为代表的亚洲新兴国家的经济金融实力不断提升，在国际金融领域应当拥有更大的话语权。但是，国际货币金融体系在短期内很难发生重大调整，那些在国际货币金融体系中长期处于主导地位的发达国家也不会轻易做出让步。因而要完善现行国际货币金融框架、加快国际货币金融体系改革进程，需要在国际体系中处于弱势地位的新兴国家进行实质而且有效的合作。作为亚洲新兴国家合作的重大成果，无论从象征意义还是从其将发挥的实际效用来看，亚投行都将对当前的全球治理格局变迁带来深远影响。

从宗旨与职能来看，亚投行将为解决全球问题提供一个新的替代方案。根据习近平主席的倡议，筹建亚洲基础设施投资银行，目的在于促进亚洲地区互联互通建设和经济一体化进程，向亚洲地区发展中国家基础设施建设提供资金支持。并且，亚投行将同域外现有多边开发银行合作，相互补充，共同促进亚洲经济持续稳定发展。由此来看，中国倡导建立的亚投行不是对现有国际金融架构的背离或挑战，而是作为其他现有多边机构的有效补充，并为满足包括亚洲在内的各个地区发展中国家的特定投资需求提供一个新的选择。

尽管如此，从作用与影响来看，亚投行的建立却能在一定程度上推动美国等西方国家主导的国际金融体系和全球经济治理格局的变革。全球治理是国家利益分配的重要博弈领域，并且全球治理机制是国家利益分配的载体。但是，传统的全球治理机制都是在发达国家的主导下建立起来的。因此，在各种机制的利益分配中，发展中国家总体上处于与自身实力不相匹配的弱势地位，这直接导致了现行全球治理机制的公平性缺失。作为一个国际性机构，亚投行的业务可以覆盖全球，在对现有多边开发银行形成有效补充的同时，也可以对现有多边开发机构的治理结构和业务决策产生影响，以此来逐步改变包括亚洲乃至全球发展中国家在国际货币金融体系改革中所处的被动局面。

总之，亚洲新兴国家主导创办全球性的多边开发性金融机构，在全球治理领域是一个具有重要的象征意义和实际意义的新生事物。它不仅标志着以中国为代表的新兴国家的经济崛起及其变革现有国际金融架构所取得的实质性进展，也标志着亚洲地区在全球治理格局中地位的进一步提升。

中国与世界互联互通的新平台

为什么中国要倡导建立亚投行，为什么亚投行倡议得到这么多国家的积极响应？从全球治理的供给方面来看，2008 年金融危机深刻暴露了某些既有全球治理机制的效率、作用甚至合法性等方面存在的一些问题，不能够满足应对国际危机、解决全球问题等方面的新要求以及一些国家在具体领域的新需求。为了优化现有的全球治理体系，通常有以下两条途径：一是对原有的机制进行改革，二是新建一些组织、机制。亚投行就属于第二条途径。但它并不是另起炉灶，而是通过新建机制的方法来优化现有的机制。

从亚投行具体的业务范围来看，中国之所以倡建亚投行，是因为在亚洲地区甚至亚洲以外的各个地区都存在基础设施建设需求。而现实情况是，庞大的基础设施建设需求与现有资金和资源的配置、运用能力之间很不匹配。亚投行的成立就是要解决这样一个问题，而中国具有主导建立这一多边开发性金融机构的能力。这是因为，中国既有资金优势，在推进基础设施建设相关产业方面也有优势。因此，亚投行既不是"被逼出来的"，也不是"凭空想出来的"，而是符合时代的要求和形势的需要，体现了中国对世界的责任。

一些西方国家申请加入亚投行并成为意向创始会员国，应该说在很大程度上反映出西方国家在国际事务当中，对于现有的全球治理机制以及整个治理结构改革等方面存在利益分歧。欧美在有些方面是保持一致的，但是在另一些领域也不完全是铁板一块。一些域外发达国家加入亚投行，既给亚投行带来了更大的发展机遇，也带来了一些挑战。它们要亚投行反映它们的诉求，反映它们在治理方面的理念、标准等。这恰恰给中国与外部世界深度对接提供了新的窗口。

中国要实现中华民族的伟大复兴，立足于世界民族之林，最终并非仅仅是作为一个区域性的国家，而是要成为一个全球性的大国，要与世界其他国家有共通之处。这就要求中国不断加深融入所处的世界。从中国的角度来看亚投行，亚投行是"一带一路"合作框架下中国与世界对接的一项具体措施。在2015年3月国家发展改革委、商务部、外交部联合发布的《推动共建丝绸之路经济带和21世纪海上丝绸之路的愿景与行动》文件中，与其他国家共同推进亚洲基础设施投资银行是"一带一路"建设的资金融通举措。从外部世界的角度来看，很多国家尤其是那些尚未参与共建"一带一路"的国家，主要是从全球治理的框架出发来看亚投行在现有的全球治理框架下能够发挥的作用。这是两种不同的视角，但都统一在了亚投行这个平台上，且没有出现根本性的矛盾，说明亚投行实际上是一个将中国的优势和世界的需求相结合的产物。

当然，我们也应该看到，融入世界有两个含义：一个是指中国要根据现行的国际规则和标准适当地调整自己，另一个是通过相互接触让外部世界也接受中国的一些理念并做适当的调整。两者是一个相互融入的过程。所以说西方国家加入亚投行的机遇大于挑战，有利于促进中国的全球治理理念和标准与西方的融合。亚投行的成功，在这方面就是一个很好的范例。

第 一 章

时代背景:变革时代的全球经济治理

◇◇ 第一节　全球经济治理的深刻转变

全球经济相互依存势不可当

自 20 世纪后期，世界真正进入了经济全球化时代。随着东西方市场的加速融合，无论是原料、资本、劳动力，还是信息、管理和组织等均实现了国际化，生产要素跨越国界在全球范围内自由流动，成为关乎世界经济格局发展的重要现象。经济全球化以国际分工和市场经济为基础，把经济活力、生产效率和发展机会传导到世界各国，大大促进了生产力的发展和世界经济的增长，尤其是为一部分有潜力的发展中国家赶超发达国家经济提供了难得的历史机遇。

当今时代，世界各国和各地区经济相互交织、相互影响，越来越融为一个整体，经济和政治上的依存不断加深。从全球贸易流动来看，贸易总额总体上不断上升。尽管受金融危机影响，2009 年全球贸易活动出现较大幅度萎缩，但金融危机后贸易复苏保持良好势头，并很快突破此前高点。联合国贸易和发展会议（UNCTAD）数据显示，2017 年全球名义货物进出口贸易额为 35.70 万亿美元，这一数字为战后初期的 1948 年全球货物贸易额的 295.2 倍，为 1980 年的 8.6 倍，与 1990 年和 2000 年相比，分别是其总额的 5.0 倍和 2.7 倍（见图 1—1）。

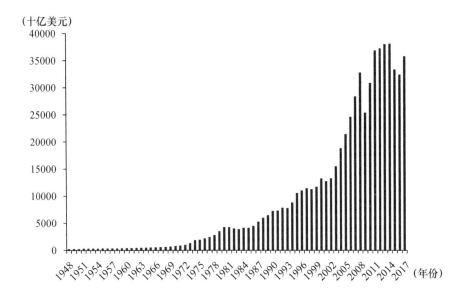

图 1—1　1948—2017 年全球货物进出口总额变化

资料来源：联合国贸易和发展会议数据库，2018 年 12 月。

从对外投资活动来看，全球外商直接投资（FDI）发展迅速。联合国贸易和发展会议数据显示，2015 年全球 FDI 流入额为 1.92 万亿美元，超过金融危机前 1.89 万亿美元的最高水平。尽管 2017 年全球 FDI 流入额降至 1.43 万亿美元，但与 1970 年和 1990 年的流量水平相比，分别是后者的 107.9 倍和 7.0 倍（见图 1—2）。而从存量上看，2017 年全球 FDI 流入规模达到 31.52 万亿美元，而 1970 年和 1990 年的 FDI 流入存量分别为 59.49 亿美元和 2.20 万亿美元。

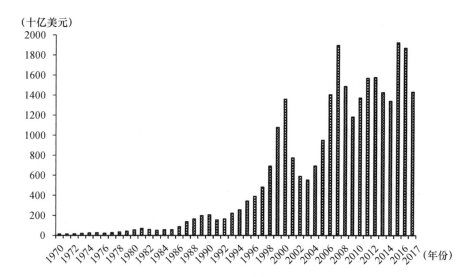

图 1—2　1970—2017 年全球外商直接投资流入（流量）总额变化

资料来源：联合国贸易和发展会议数据库，2018 年 12 月。

　　此外，随着经济全球化的深入发展，世界各国在经济、政治、社会、文化等方面相互渗透、相互依存日益加深，气候变化、生态失衡、环境污染、资源短缺、国际恐怖主义、跨国犯罪、网络安全等全球性问题日益增多。这些问题或现象涉及全球所有国家，而解决问题又非一个国家或几个国家所能及或能够取得成效。在国际社会中，世界各国作为全球经济的博弈方，相互博弈的发展趋势是越来越多的领域不再是我之所得为你之所失的零和博弈，而是体现出一种可以互利共赢的非零和博弈，呈现出"一损皆损，一荣皆荣"的局面。

经济全球化在曲折中前进

经济全球化表现为各种生产要素在世界范围内自由流动，从而使资金、技术、产品、市场、资源、劳动力在世界范围内进行有效、合理的配置。但经济全球化的深入发展也会带来许多负面效应。它一方面加剧了国际竞争和世界经济的不平衡和不平等，另一方面也给世界经济引发许多新的风险和挑战，尤其是在不公正不合理的国际经济旧秩序未能得到根本改变的情况下，一国范围内的经济风险与危机会迅速传导和扩散到世界各国。2008 年国际金融危机即是最生动的例证，世界各国经济均遭受不同程度的冲击。

金融危机后，国际贸易大幅下滑，国际投资活动出现萎缩，各种形式的保护主义不断涌现，很多外向型经济体遭受沉重打击。为此，一些经济学家对全球化的发展趋势产生了怀疑，并认为世界正朝着"去全球化"（deglobalization）的方向发展。例如，联合国前任秘书长安南的高级顾问、美国著名经济学家杰弗里·萨克斯（Jeffrey Sachs）曾预言全球化将可能崩溃，并因此出现去全球化浪潮；国际货币基金组织（IMF）前任首席经济师西蒙·约翰逊（Simon Johnson）在 2009年曾提到，过去 20 年来带动全球经济增长的因素正开始倒退，随着劳工、资本流动性降低，未来将出现失落的十年。暂且不论这些言论会不会成为现实，但有一点可以肯定，那就是 2008 年金融危机所表现出来的强大传导力恰恰从另一个角度反映出全球经济的相互依存和一体化程度很高，而非相反。

但是，一些国家为了自身利益以邻为壑，大力推行保护主义和单边主义的政策，并引发连锁负面反应。2008 年金融危机后，各国都加大了政策调整的力度和频率。由于经济社会问题频现，各国政府都寄希望于通过政策调整来维持稳定的经济社会秩序。这本来是应对问题与挑战的积极行动，但一些国家在政策调整过程中只顾自身利益，催生了各种形式的保护主义。尤其是对全球的主要经济体而言，其政策的溢出效应和回荡效应很强，在出台政策调整措施后往往导致他国采取相应的应对措施，这反过来又使该国不得不采取进一步的政策调整。在这种恶性循环中，各国被迫加大政策调整的力度和频率。政策调整引发的连锁反应，不仅破坏了各国政策的延续性和可预期性，也侵蚀了国际合作和经济全球化的根基。

作为全球最大的经济体，美国在贸易政策上采取更加强硬且力度更大的保护主义措施，导致全球面临的逆全球化挑战更加严峻。根据《全球贸易预警》数据显示，2008 年 11 月至 2018 年 7 月，二十国集团中的 19 个国家成员累计出台保护主义政策近 8000 项，其中美国出台 1492 项，位居全球首位。2018 年 3 月，特朗普签署公告，对进口钢铁产品征收 25% 的关税，对进口铝产品征收 10% 的关税；7 月，美国对从中国进口的约 340 亿美元商品实施加征 25% 的关税措施；8 月，美国对自中国进口的 160 亿美元产品加征 25% 关税。美国政府还宣布对自中国进口的 2000 亿美元产品加征关税。值得注意的是，美国国内不乏对特朗普挑起贸易摩擦等"逆全球化"举措的批评之声和掣肘之举。美国彼得森国际经济研究所（PIIE）所长亚当·珀森（Adam S. Posen）撰文指出，特朗普政府推行"美国优先"，威胁退出全球化，施行单边主义政策，这种退缩将会给世界和美国都带来规则崩坏、收入和福利水平下降等十分严重的后果。[1]

---

[1] Adam S. Posen, "The Post-American World Economy: Globalization in the Trump Era", *Foreign Affairs*, Vol. 97, No. 2, 2018.

在此背景下，全球多边经贸机制经受巨大挑战。金融危机的爆发，深刻暴露现有全球多边经贸机制的诸多不足。为此，国际社会推动了国际货币基金组织、世界银行等多边机制的份额、投票权和治理结构改革。但由于既得利益国家和国家集团的阻碍，在国际货币基金组织和世界银行的改革上，继续前行面临诸多困难。在全球贸易投资增长低迷之时，更加需要多边谈判的成功来提振全球企业和消费者的信心。然而，2017 年 12 月召开的世界贸易组织（WTO）部长会议无果而终。与此同时，区域经贸安排进展缓慢。美国宣布退出跨太平洋伙伴关系协定（TPP），美国与欧盟的跨大西洋贸易与投资伙伴关系协定（TTIP）以及美国与中国的双边投资协定（BIT）谈判陷入停滞。驱动经济全球化的两个轮子运转明显失速。

世界经济真正进入全球治理时代

20 世纪 70 年代初，第一次石油危机给西方发达国家经济造成重创。在此背景下，法国、美国、日本、英国、联邦德国和意大利六大工业国于 1975 年 11 月在法国朗布依埃举行首脑会议。次年，由于加拿大的加入，七国集团（G7）正式诞生。作为一个非正式的论坛，七国集团成员国通过定期的会晤与磋商，协调彼此对国际政治和经济问题的看法和立场。尽管七国集团只是一个发达经济体的俱乐部，但由于 7 国在全球政治经济中处于极其重要的地位，七国集团会议议程几乎涉及世界经济与政治的所有重大问题。在经济领域，七国集团以一个有效的协调机构的角色，长期以来在世界上发挥了巨大的影响力，在国际经济秩序中占据主导地位。1997 年，俄罗斯被接纳成为成员国，七国集团成为八国集团（G8）。

2008 年国际金融危机的爆发，G7/G8 作为一种全球经济协调机制已无法应对危机给发达经济体和全球经济带来的巨大冲击和破坏，加强其他重要国家在解决和治理全球经济金融问题中的作用变得非常迫切。在此背景下，二十国集团（G20）领导人于 2008 年 11 月在华盛顿举行首次会晤，二十国集团也随之逐步进入全球经济治理的中心舞台。

二十国集团建立最初由美国等 7 个工业化国家的财政部长于 1999 年 6 月在德国科隆提出的，以防止类似亚洲金融风暴的重演，让有关国家就国际经济、货币政策举行非正式对话，以利于国际金融和货币体系的稳定。二十国集团包括 8 个发达国家、11 个新兴经济体以及欧盟。二十国集团会议当时只是由各国财长或各国中央银行行长参加，自 2008 年由美国引发的国际金融危机使得金融体系成为全球的焦点，开始举行二十国集团首脑会议，扩大各个国家的发言权，这取代之前的八国首脑会议或二十国集团财长会议。

作为布雷顿森林体系框架内非正式对话的一种机制，二十国集团的宗旨是为推动已工业化的发达国家和新兴市场国家之间就实质性问题进行开放及有建设性的讨论和研究，以寻求合作并促进国际金融稳定和经济的持续增长，按照以往惯例，国际货币基金组织与世界银行列席该组织的会议。二十国集团成员涵盖面广、代表性强，成员国内生产总值（GDP）约占全世界的 85%，贸易额占全球的 80%，人口约占世界总人口的 2/3。在 2009 年 9 月举行的二十国集团匹兹堡峰会上，20 个成员领导人发表宣言确定二十国集团代替 G7/G8 成为全球经济治理的首要磋商平台。

二十国集团替代 G7/G8 成为全球经济治理的首要平台，表明全球经济主要由发达国家治理迈向发达国家与发展中国家共同治理全球经济问题，全球经济治理也因此更具代表性，并体现出真正意义上的全球性。

2008 年国际金融危机的爆发，使我们所处的经济全球化阶段呈现新的历史特征。对此，中国国家主席习近平指出，"过去数十年，经济全球化对世界经济发展做出了重要贡献，已成为不可逆转的时代潮流。同时，面对形势的发展变化，经济全球化在形式和内容上面临新的调整，理念上应该更加注重开放包容，方向上应该更加注重普惠平衡，效应上应该更加注重公正共赢"①。2008 年爆发的国际金融危机带给世界各国人民的重要启示是，"引导经济全球化健康发展，需要加强协调、完善治理，推动建设一个开放、包容、普惠、平衡、共赢的经济全球化"②。

经济全球化进程的深刻转变带来了全球经济治理体系的深刻转变，并对全球经济治理体系提出了更高要求。面对世界经济形势的发展演变，全球经济治理需要与时俱进、因时而变。"坚持多边主义，谋求共商共建共享，建立紧密伙伴关系，构建人类命运共同体，是新形势下全球经济治理的必然趋势。"③ 新的历史阶段，"全球经济治理应该以平等为基础，更好反映世界经济格局新现实，增加新兴市场国家和发展中国家代表性和发言权，确保各国在国际经济合作中权利平等、机会平等、规则平等。全球经济治理应该以开放为导向，坚持理念、政策、机制开放，适应形势变化，广纳良言，充分听取社会各界

---

① 习近平：《抓住世界经济转型机遇　谋求亚太更大发展——在亚太经合组织工商领导人峰会上的主旨演讲》，《人民日报》2017 年 11 月 11 日第 2 版。

② 习近平：《共同构建人类命运共同体——在联合国日内瓦总部的演讲》，《人民日报》2017 年 1 月 20 日第 2 版。

③ 习近平：《抓住世界经济转型机遇　谋求亚太更大发展——在亚太经合组织工商领导人峰会上的主旨演讲》，《人民日报》2017 年 11 月 11 日第 2 版。

建议和诉求，鼓励各方积极参与和融入，不搞排他性安排，防止治理机制封闭化和规则碎片化。全球经济治理应该以合作为动力，全球性挑战需要全球性应对，合作是必然选择，各国要加强沟通和协调，照顾彼此利益关切，共商规则、共建机制、共迎挑战。全球经济治理应该以共享为目标，提倡所有人参与，所有人受益，不搞一家独大或者赢者通吃，而是寻求利益共享，实现共赢目标。"① 这是推动建设开放、包容、普惠、平衡、共赢的经济全球化的根本途径。

国际秩序加速变革尤需加强全球治理

世界主要国家之间的力量对比正深刻调整，利益分歧和冲突集中凸显，国际政治经济形势复杂多变，国际秩序稳定的根基面临各种挑战。在国际问题与国内问题联动性不断加大的今天，关于国际秩序的讨论成为学界、媒体乃至普通民众广泛关注的热点问题之一。这既与当前国际秩序演进的环境和条件已经和正在发生的深刻转变有关，更是反映了人们对未来秩序演变趋势不确定性的深深忧虑。

一般来说，国际秩序是指大国或国家集团通过博弈形成的某种权力和利益关系。从历史的视角看，当前的国际秩序与冷战时期的国际秩序仍存在本质上的区别。冷战时期，国际秩序主要呈现以下三方面特征：一是政治上对立。大国奉行结盟政治，并表现为以美国为首的资本主义阵营与以苏联为首的社会主义阵营之间的对立。二是军事上竞争。大国热衷于军备竞赛和划分势力范围，并表现为美国领导的北约与苏联领导的华约在全球范围内的对抗与争夺。三是经济上分割。

---

① 习近平：《中国发展新起点　全球增长新蓝图——在二十国集团工商峰会开幕式上的主旨演讲》，《人民日报》2016 年 9 月 4 日第 3 版。

美苏各成体系，关贸总协定（GATT）与经互会成员之间的经济联系也相对松散。而当今世界，尽管国家之间的竞争与对抗仍难避免，但全球化对人类社会的影响却是前所未有的。因此，用"冷战秩序复归""准冷战秩序生成"来描述当前国际秩序还为时尚早，甚至也很难用历史上曾有的某种形态的国际秩序与之类比。

关于当前国际秩序的判断，需从目标、现实和挑战三个维度来加以审视。从目标来看，和平与发展是世界各国人民推动国际秩序演进的最终指向。和平与发展作为时代主题，反映的是人们对时代发展的诉求。各国之间相互联系与依存日益加深的势头依旧，追求和平与发展的动力依然强劲。从现实来看，世界正处于大发展大变革大调整时期，世界多极化、经济全球化、社会信息化、文化多样化深入发展，全球治理体系和国际秩序变革加速演进。为此，大国或国家集团之间的权力与利益关系正经历深刻调整，国际秩序的演进必定充满各种波动与波折。从挑战维度，人类面临的共同挑战日益凸显，例如经济增长动能不足，贫富分化加剧，地区热点此起彼伏，恐怖主义、网络安全、重大传染性疾病、气候变化等非传统安全威胁持续蔓延等。而应对这些挑战，需要各国共同参与和努力，任何一国都不可能独善其身。人类处于一个命运共同体中，这是判断未来国际秩序演进方向的一个不可忽视的前提。因此，不难发现，当前国际秩序并非处于一种稳定或均衡的状况，而正进入一个变革加速演进的过渡时期。

这个时期的国际秩序，主要呈现以下四个特点：一是不稳定性。这一时期大国或国家集团之间的关系处于动态发展的过程，各种分歧、摩擦与冲突频发成为常态，并表现在经济、政治和军事等各个层面。一些国家的对外政策也会变得起伏不定，难以捉摸。二是不确定性。国际秩序的演进既存在和平过渡的可能，也必须正视战争冲突危险性的加大。一旦大国或国家集团之间相互误判，战争的威胁将不断升级，并可能引发局部战争或全球性的动荡。三是不平衡性。各国发展的不平衡、权利与利益分配的不平衡、权力与责任的分配不平衡，既是国际秩序演进的动力之一，也是国际秩序达到某种稳定状态之前必然要表现出来的特征。四是不可逆性。无论未来大国或国家集团之间的关系如何调整，国际秩序退回到大国或国家集团间相互孤立状态的可能性很小。虽然"逆全球化"思潮涌动，但经济全球化、全球相互依赖的发展大势不可逆转。

为避免国际秩序朝着背离人类福祉的方向变化，迫切需要世界各国加强合作，推动全球治理体系变革，从而能够更加有效地应对人类共同面临的各种挑战。之所以全球治理是实现国际秩序稳定的重要手段，主要在于全球治理的内在特性。首先，全球治理是"和平导向"的，其特征是不对抗、不排他，全球治理行动不针对任何国家，并且外交谈判是最主要的解决问题途径。其次，全球治理是"合作导向"的，其原则是"共商、共建、共享"，所倡导的路径是多边解决，旨在汇聚各国力量，离不开各国的共同努力。再次，全球治理是"问题导向"的，对象是人类面临的全球性挑战。在国际秩序演进的过程中，必定会涌现许多新的矛盾和问题，它们的解决只能借助更加公正合理高效的全球治理。最后，全球治理是"利益导向"的，实质是互利共赢。与传统上国家间的"零和博弈"不同，全球治理是"正和博弈"，每个国家都能从全球性问题的解决中受益。倡导"人类命运共同体"意识，树立全球治理理念，有利于摒弃传统大国博弈的"零和"思维。

迈向稳定的国际秩序或许需要较长时间。这一过程的加速或延缓，主要取决于世界各国在全球治理领域的行动与效果。不能将一国积极参与全球治理国际合作的意图简单理解为"提升自身国际地位的手段和途径"，这种意图更是有关国家决心为维护国际秩序稳定承担更多责任和义务的重要表现。

◇ 第二节　大国经济力量的深刻变迁

全球化时代的大国战略竞争

国家的兴衰，尤其是大国的兴衰，是一个长期以来令人困扰却又为之着迷的问题。在人类国家发展史上，国家兴衰更替似乎已经成为一种规律性的现象。许多曾处在世界权力巅峰的国家逐渐衰落，而许多曾相对落后的国家却迅速崛起，并拥有巨大的财富和权力。国家实力此起彼伏，变动不居，使人类历史更加多彩，更加扑朔迷离。

从国家角度来看，国家的兴衰首先是国家实力的对比变化。如果将国家的兴盛仅仅理解为经济的崛起，那么经济学早就给出了非常丰富的答案。现代经济学鼻祖亚当·斯密认为经济增长的动力来自劳动分工和专业化以及促进要素流动的市场规模的不断扩大。库兹涅茨则注重人口、资源等要素投入的增加以及经济结构的升级。在熊彼特看来，经济增长在于技术进步和人力资本的积累。而作为新制度经济学的代表人物之一，曼瑟·奥尔森将制度创新视为经济增长的源泉。

从全球范围来看，国家兴衰有其更为宽广的视角，国家之间的战略竞争常为国家兴衰提供最为直接的注脚。在1988年出版的《大国的兴衰》一书中，美国历史学家保罗·肯尼迪从经济和军事视角考察了近500年大国兴衰的历史，并认为大国的兴盛缘于经济发展以及随之而来的军事强盛和对外扩张，而大国的衰落在于过度扩张以及因此产生的军事安全需要耗费了过多的国家财富。这是一种具有很明显的战略竞争思维的分析，提供了国家之间战略竞争的历史经验教训，展现了所处的历史时代的鲜明特色。然而，随后的苏联解体宣告了这一时代的结束，留给了人们关于新时代的大国兴衰之问。

进入 21 世纪，随着世界多极化、经济全球化、社会信息化、文化多样化的深入发展，人类真正迎来了全球化时代。如今，国家兴盛发达仍是世界各国的梦想，战略竞争也仍是大国关系的表现形式之一，但战略竞争的内容与形式有其时代性。国家实现经济崛起以及那种依赖经济崛起和军事扩张来实现的战略竞争的基础条件正在随着时代的变迁而发生深刻变化。一方面，各国相互联系和依存的日益加深使国家之间战略利益的界限不再泾渭分明，一方所得为一方所失的零和博弈也不再是国际关系的主要特征。另一方面，在全球性问题面前，任何国家都难以独善其身，更不可能成为唯一的赢家。

当前，人们乐于将美国的衰落与中国的崛起联系，并将中美两国放在大国兴衰的历史维度加以讨论和争辩。值得注意的是，在 40 年来中国的快速发展进程中，美国的衰落成为热点话题也不过是近几年的事情。这一方面表明中国的崛起并非以美国的衰落为代价，另一方面引起了人们对新的历史时代两个大国的全球战略的思索。

在新的历史时代，中国坚决摒弃冷战思维和强权政治，走对话而不对抗、结伴而不结盟的国与国交往新路，积极发展全球伙伴关系，扩大同各国的利益交汇点，呼吁各国人民同心协力构建人类命运共同体。为此，中国领导人于 2013 年提出的"一带一路"倡议。毋庸讳言，"一带一路"倡议是实现中华民族伟大复兴的宏伟目标的重要组成部分，也是培育国际经济合作和竞争新优势的重要依托。但在中国的语境中，竞争不是你死我活，竞争双方不是对手。中国的竞争优势来自合作，来自对国内资源与全球资源有机整合。"一带一路"倡议既是中国发展战略与外部世界的对接，也是中国国内各地区发展战略的对接。

与此相对应的是，美国则进入了"美国优先"的新时代。为了获取战略上的竞争优势，美国维持了世界上最大的军费开支，并乐于在世界上寻找战略对手。瑞典斯德哥尔摩国际和平研究所（SIPRI）调查结果显示，2016 年美国的军费开支达到 6110 亿美元，占全球军费开支总额的比例超过 36%，约为中国军费开支的 3 倍。特朗普政府发表的《国家安全战略报告》着重强调"美国优先"，并将俄罗斯和中国视为挑战对手，宣扬冷战思维的"印太战略"。这种只顾自身利益、逆时代潮流的战略竞争思维不仅得不到国际社会的支持，也最终会成为自身衰落的加速器。

总之，国家的兴衰并非必然的宿命，历史终将惩戒逆势而为的竞争者。在全球化时代，大国之间战略竞争不再是着眼自身的战略扩张，而是借势发力的资源整合，共同发展与进步。独行快，众行远。这是新时代国家之间战略竞争的最好箴言。

新兴经济体的整体崛起及其诉求

20 世纪 90 年代以来，一大批发展中国家在世界经济发展的大潮中脱颖而出，成为近 30 年世界经济发展的主要特征之一。国际货币基金组织数据显示，从经济增长来看，1990—2020 年，新兴市场与发展中经济体年平均经济增长率为 5.0%；而同期发达经济体的年平均经济增长率仅为 2.2%（见图 1—3）。在世界经济因金融危机陷入衰退的 2009 年，新兴市场与发展中经济体仍达到 2.8% 的经济增速，而同期发达经济体的经济增速为 - 3.3%。

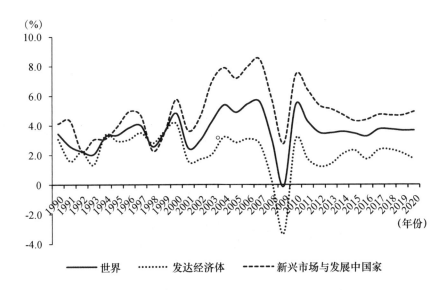

图1—3　1990—2020 年不同类别经济体的经济增长率对比

注：2018—2020 年数据为预测值。

资料来源：国际货币基金组织数据库，2018 年 10 月。

在经济规模的变动上，新兴市场和发展中经济体占全球的份额持续上升。2018 年 10 月国际货币基金组织世界经济展望数据库数据显示，新兴市场和发展中经济体按市场汇率计算的名义 GDP 占全球的份额从 1990 年的 21.8% 上升到 2017 年的 39.6%。分国别来看，2017 年按市场汇率计算的 GDP 总量进入全球排名前 10 位的新兴经济体有 3 个，分别是中国排第 2 位、印度排第 7 位和巴西排第 9 位。按购买力平价计算，2008 年新兴市场和发展中经济体的经济总量为 42.86 万亿国际元，实现了对发达经济体的超越，而发达经济体的经济总量为 40.80 万亿国际元；2017 年新兴市场与发展中经济体占全球 GDP 的份额进一步上升，达到58.7%，发达经济体则相应地下降至41.3%（见图1—4）。并且，新兴经济体的崛起不是仅涉及单个国家的个别现象，而是涌现出了一批经济增长迅速，经济表现良好的新兴大国。

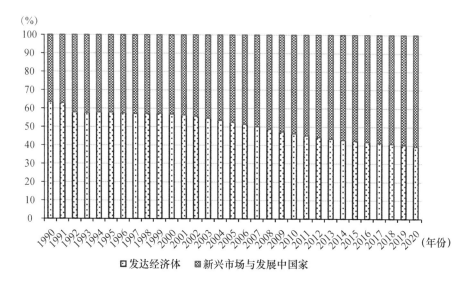

图1—4 1990—2020年不同类别的经济体总量占全球份额变化

注：2018—2020年数据为预测值；经济总量按购买力平价方法计算。

资料来源：国际货币基金组织数据库，2018年10月。

当前，由于受外需急剧下降以及国内经济调整的影响，一些新兴经济体放缓了经济增长的步伐，但世界经济的双速增长态势依旧，世界经济力量对比仍朝着有利于新兴市场与发展中国家的方向发展。国际货币基金组织预测数据显示，未来5年新兴市场与发展中经济体经济将继续保持发达经济体两倍以上的增速，新兴经济体与发展中国家的赶超进程仍将继续。

新兴经济体在全球治理中所处的弱势地位日益凸显新兴经济体利益的敏感性和脆弱性，从而制约了新兴经济体经济的进一步发展。在稳定大宗商品价格、阻止金融监管失效、建立合理汇率机制、打破投资贸易壁垒、促进贸易平衡等诸多方面，新兴经济体往往处于弱势地位，甚至常常以"被治理"的角色出现。除此之外，更重要的是，由于全球治理的非中性以及既得利益国家集团对全球治理话语权的控制，使新兴经济体在国际社会中的地位和作用与自身实力很不匹配。随着自身实力的提高，新兴经济体的全球利益不断拓展，因此利用全球治理的平台提出各种对全球治理的方案和主张，表达自身利益和维护共同利益成为新兴经济体经济发展和实力提升的必然趋势。

在现行的国际经济体系中，以美国为首的既得利益国家集团是最主要的受益者，而广大新兴市场和发展中国家却难以享受公平待遇，无法发挥与自身实力相符的影响力。这主要表现在两个方面：一是新兴和发展中国家在国际货币金融和贸易体系中处于受支配地位；二是新兴和发展中国家在全球治理机制中的权利与义务不对等。新兴经济体在解决各国共同面临的问题上承担了过多责任，而无法享受到应有的权利和发言权。在2008年的国际金融危机中，新兴经济体一方面承担了危机带来了的巨大经济灾难，另一方面为全球经济复苏做出了巨大贡献。但是，新兴经济体仍难以通过相应的国际机构对以美国为代表的发达国家的经济运行和金融货币政策进行监督和制约。因此，新兴经济体拥有继续提升国际地位，推动全球治理向更加公平与合理的方向发展的共同诉求。

由于经济全球化的深入发展，一国范围内的经济问题很可能会导致国际性的金融和经济危机，从而让他国经济遭受巨大损失。这对于处于成长阶段的新兴经济体而言，由于其国内经济体系还很脆弱，经济政策和制度还不完善，因而更容易受到外部经济的影响和冲击。特别是在当前一些发达国家经济存在严重隐患和危机的情况下，为了缓解其国内经济压力和实现其国内经济目标，这些国家往往会将其国内问题与危机转嫁给应对风险经验还很欠缺的新兴经济体。为了应对这些挑战，新兴经济体走到一起可以有效突破单个国家力量的局限性，形成应对全球问题的合力，从而更好地维护自身利益。

但是，长期以来国际社会未在全球经济治理领域建立一个充分代表新兴和发展中经济体的成熟机制。由于代表全球新兴经济体利益的协调与合作机制的长期缺位，新兴经济体与发达经济体之间的对话往往不能更好地维护新兴经济体的利益。因此，如何建立一个充分代表新兴经济体利益的长效合作机制是摆在所有新兴经济体面前的一项重大课题。

进入 21 世纪，新兴经济体在全球治理领域被边缘化的情势开始有所改观。2003 年，印度、巴西和南非三国宣布成立印度、巴西和南非（IBSA）对话论坛，成为新兴经济体之间跨区域合作的重要尝试。2006 年，巴西、俄罗斯、印度和中国四国外长举行会晤；2009 年，四国领导人在俄罗斯举行首次会晤，并发表《"金砖四国"领导人俄罗斯叶卡捷琳堡会晤联合声明》，正式成立"金砖四国（BRICs）"合作机制；2010 年，南非的加入使"金砖"加重，并更名为"金砖国家（BRICS）"。2013 年 3 月，金砖国家领导人会晤期间，五国领导人拟建立 1000 亿美元的应急储备安排，并同意建立新开发银行。新开发银行是国际多边合作机构，它的建立是金砖国家合作机制化的里程碑。2015 年 7 月宣布开业以来，新开发银行践行为金砖国家、其他新兴市场和发展中国家的基础设施和可持续发展项目筹集资金的宗旨，并以实际行动成为全球增长和发展领域的现有多边和区域金融机构的补充。2016 年，新开发银行批准了 7 个贷款项目，总金额达 15 亿美元，投资覆盖所有成员国。2017—2018 年，新开发银行储备的项目有 23 个，规模达 60 亿美元，其中在中国的项目有 5 个，规模在 17 亿美元左右。根据《2017—2021 新开发银行总体战略》，2021 年前新开发银行批准的项目数量可能扩大到 50—75 个。这些决定和行动进一步推动了金砖国家的机制化进程。

全球经济治理是国家利益分配的重要博弈场所，在各种机制的利益分配中，新兴经济体总体上处于与自身实力不相匹配的弱势地位，这直接导致了现行全球经济治理结构的合法性危机的广泛存在。正因如此，全球经济治理结构变革，以期扭转当前这种不公平、不合理的利益分配格局。尽管与发达国家集团相比，新兴经济体参与全球经济治理的合作机制起步晚，机制建设还不完善，但这些新的合作机制在很大程度上增加了新兴经济体在全球经济治理问题上的话语权。

中美经济力量对比的深刻变化

经济规模

中华人民共和国成立后，尤其是改革开放以来，中国经济迅速崛起。在 1978 年以来的 40 年中，中国经济的快速增长创造了世界经济史上的奇迹，实现了年均近 9.6% 的高速增长，远高于以美国为代表的发达经济体的经济增速（见图 1—5）。由此带来的影响之一，中国在世界经济中的地位不断提升，并与作为当今世界唯一超级大国的美国之间的差距日益减小。世界经济格局逐步呈现中美两强发展态势。

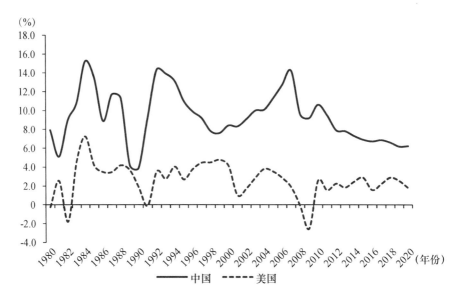

图 1—5　1980—2020 年中国与美国经济增长率对比

注：2018—2020 年数据为预测值。

资料来源：国际货币基金组织数据库，2018 年 10 月。

国际货币基金组织数据显示，中国按市场汇率计算的经济总量由 1980 年的 3053.48 亿美元增至 2017 年的 12.01 万亿美元。在此期间，2010 年中国 GDP 达到 6.07 万亿美元，一举超过日本的经济规模成为世界第二大经济体；2017 年中国的 GDP 上升至接近日本的 2.5 倍。与此同时，中国的经济总量与美国也日益接近。2017 年中国的 GDP 占美国 GDP 的比例为 61.7%，而在 30 年前，这一比例仅为 6.8%（见图 1—6）。随着时间的推移，这一差距还将继续缩小，并且按照目前的经济增速预测，中国将于 2025—2030 年实现对美国经济总量的超越。

（十亿美元）

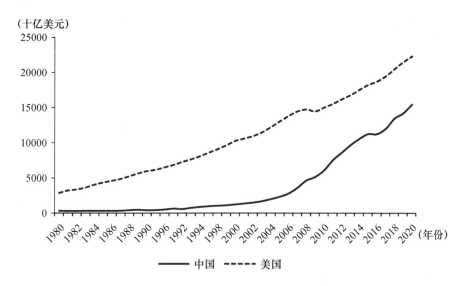

图 1—6　1980—2020 年中国与美国经济总量（市场汇率）对比

注：2018—2020 年数据为预测值。

资料来源：国际货币基金组织数据库，2018 年 10 月。

　　如果用购买力平价方法衡量，中国的经济发展成就更加显著，经济总量规模已跃居世界第一。国际货币基金组织数据显示，1980 年中国按购买力平价计算的 GDP 为 3068.7 亿国际元，仅占美国的 10.7%，美国为 28573.3 亿国际元；2000 年中国 GDP 上升为 37131.9 亿国际元，为 1980 年的 12.1 倍，占美国的比例上升到 36.2%；2014 年中国 GDP 再次取得新的突破，按购买力平价计算的 GDP 达到 18.29 万亿国际元，为美国的 1.04 倍，实现了对美国的超越，并由此成为世界第一大经济体；2017 年，中国的 GDP 达到 23.21 万亿国际元，为美国的 1.19 倍（见图 1—7）。

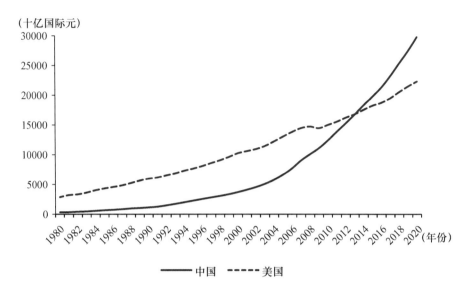

（十亿国际元）

图 1—7　1980—2020 年中国与美国经济总量（购买力平价）对比

注：2018—2020 年数据为预测值。

资料来源：国际货币基金组织数据库，2018 年 10 月。

当然也应该看到，尽管中国的经济总量取得了较快增长，但由于中国人口众多，人均 GDP 与美国相比还存在较大差距。1980年，中国按市场汇率计算的人均 GDP 为 309 美元，而同期美国为12553 美元，中国人均 GDP 仅占美国的 2.5%；2017 年，中国人均 GDP 达到 8643 美元，为 1980 年的 29.7 倍，占美国的比例有所上升，为 14.5%。但从绝对水平来看，两者仍有较大悬殊，同期美国人均 GDP 为 59792 美元，远高于中国的人均 GDP 水平（见图 1—8）。

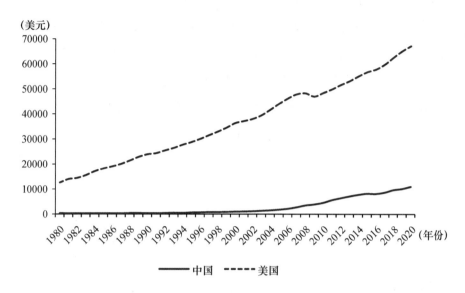

（美元）

图1—8　1980—2020 年中国与美国人均 GDP（市场汇率）对比

注：2018—2020 年数据为预测值。

资料来源：国际货币基金组织数据库，2018 年 10 月。

贸易与投资

在贸易方面，改革开放以来，中国逐渐开拓了一条以开放促改革、以开放促发展的道路，从世界贸易体系的边缘国家成长为世界贸易强国。中国加入世界贸易组织后，更加积极顺应全球产业分工不断深化的大趋势，充分发挥比较优势、承接国际产业转移，大力发展对外贸易并积极促进双向投资，开放型经济实现了跨越式发展，并站在新高度以自己的努力重塑了中国与世界的关系。1978 年，中国的货物贸易总额约为 210.9 亿美元。此后，中国对外贸易进入迅猛发展的黄金时期。2001 年中国刚加入世界贸易组织时，中国的货物贸易总额约为 5096.5 亿美元，其中出口额为 2661 亿美元，世界排名第六。
而同期美国的对外货物贸易额为 19082.8 亿美元，为中国的 3.7 倍。
2007 年，中国货物出口额达到 1.22 万亿美元，超过美国 1.15 万亿美
元的出口规模，成为世界第一大货物出口国。2013 年，中国货物贸
易总额达到 4.16 万亿美元，首次超过美国 3.91 万亿美元的对外贸易
规模，跃居世界第一大货物贸易国（见图 1—9）。

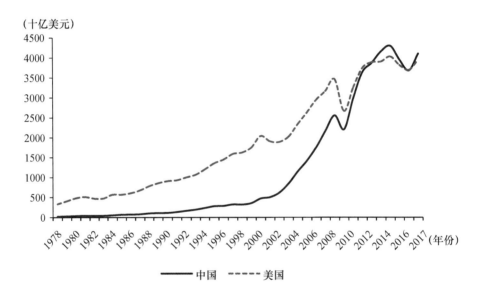

图 1—9　1978—2017 年中国与美国货物贸易总额变化

资料来源：联合国贸易和发展会议数据库，2018 年 12 月。

　　中国对外贸易的迅速发展，尤其是出口贸易的快速增长，使中国
积累了大量的贸易顺差，经常项目盈余占 GDP 水平比重也因此处于
较高水平。自 2001 年起，中国经常项目盈余不断扩大，2007 年中国
经常项目盈余占 GDP 比例上升到 9.9% 的历史高点（图 1—10）。此
后，这一比例迅速下降，并回落至 2% 左右的合理区间。一般来说，

持续顺差导致的巨额外汇储备会影响一国国内货币政策的独立性，加大货币升值压力和外汇储备保值增值的难度，并会导致国际贸易摩擦。但对于发展中的中国来说，经常项目大幅顺差为国内经济发展积累了资金技术，对于改善经济结构、加速工业化进程、推动国内技术进步、增强经济抗风险能力、带动国内就业等方面都具有积极意义。而美国贸易逆差的积累，导致经常项目逆差的扩大，2006年美国经常项目逆差占GDP比例达到5.8%的高点。

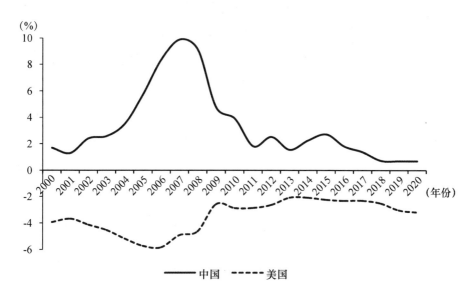

图1—10 2000—2020年中国与美国经常项目余额占GDP比例

注：2018—2020年数据为预测值。

资料来源：国际货币基金组织数据库，2018年10月。

在国际直接投资方面，中国已成为全球最重要的外商直接投资目的地和来源地。长期以来，美国在吸引外商投资方面扮演了世界领导者角色，世界上大部分主要跨国并购和新企业海外项目在美国境内发生。但在金融危机后的 2009 年，美国外商直接投资流入额较上年的 3063.66 亿美元下降 53.1% 至 1436.04 亿美元，2017 年仍维持在 2753.81 亿美元的水平。与此同时，中国的外商直接投资流入稳定增长。联合国贸易和发展会议数据显示，1979 年中国的外商直接投资流入额仅约为 80 万美元，次年增加至 570 亿美元；2017 年，中国的外商直接投资流入额达 1363.20 亿美元，创历史新高，并成为全球第二大外商直接投资目的地。① 中国不仅拥有广阔的市场空间和巨大的经济发展潜力，而且还加大了对外国投资的保护。中国商务部在 2015 年 1 月公布《中华人民共和国外国投资法（草案征求意见稿）》，向社会公开征求意见。此法一旦通过，将实现外资三法合一，外商逐案审批管理模式将结束，进入"有限许可加全面报告"外资准入新时代。从技术层面来看，2014 年并非中国首次超过美国成为全球最大的投资目的地。早在 2012 年上半年，中国吸引外资规模就曾超过美国。虽然 2012 年下半年美国重新占领鳌头，但这已经反映出金融危机后全球外商直接投资流动格局的巨大变化，新兴市场经济体在吸引外资方面的增长趋势日益明显，而以美国为代表的发达经济体对外资的吸引力则日益减弱。

外汇储备

外汇储备是一个国家经济金融实力的反映，它是弥补国际收支逆差、抵御金融危机、稳定汇率以及维持国际信誉的物质基础。对于几乎所有的发展中国家来说，由于其货币尚不具备国际关键货币的功能，为了应对外部风险，提升自身影响力，维护高

---

① UNCTAD 数据库，2018 年 12 月。

于常规水平的外汇储备，便成为它们对外经济交往过程中追求的
目标之一。在过去 10 余年间，中国积累了巨额的外汇储备，并成
为全球第一大外汇储备国。数据显示，2000 年中国外汇储备余额
为 1656 亿美元；2011 年中国外汇储备余额首次突破 3 万亿美元
大关，达到 31811 亿美元，此后仍维持增长态势；2014 年中国外
汇储备余额上升至 38430 亿美元的历史新高，这一规模为 2000 年
的 23.2 倍；截至 2018 年，中国外汇储备余额仍维持在 3 万亿美
元以上（见图 1—11）。

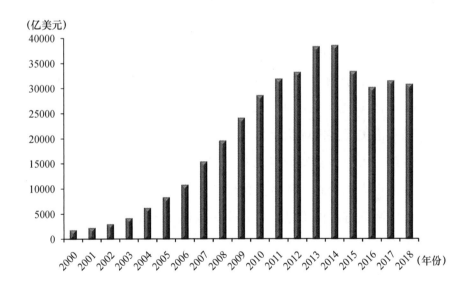

图 1—11　2000—2018 年中国外汇储备规模变化

资料来源：国家外汇管理局，2018 年 12 月。

当然，不可忽视多年来中国外汇储备规模的急剧扩大对经济发展
也有许多负面影响。但对于处于上升时期的发展中大国来说，保持相
对较高水平的外汇储备有其必要性。外汇储备的持续增长反映了中国
对外经济金融实力的持续提升，并为中国国内经济稳定与发展提供了

持续保障。首先，作为全球第一外汇储备大国，中国的国际信用大大提高。随着外汇储备规模的迅速增长，中国对外支付能力和调节国际收支实力也不断增强，这为中国在国际上融资和贷款奠定了坚实基础，也为还本付息提供了可靠保障，从而有利于提升对外招商引资的国际竞争力。其次，充足的外汇储备有利于央行有效干预外汇市场，稳定汇率。实践证明，在突发性的金融风险面前，充足的外汇储备往往为干预外汇市场、维护本币汇率稳定、维护投资者信心提供了有效手段。再次，充足的外汇储备有利于降低中国企业在国际市场中的融资成本，从而创造更大的利润空间。最后，充足的外汇储备有利于推进人民币国际化。

相对中国，美国的外汇储备一直处于较低规模。数据显示，2000年美国外汇储备余额为 313 亿美元，2017 年为 428 亿美元，17 年间增加 100 余亿美元（见图 1—12）。当然，对于美国外汇储备规模的考察，要考虑美元在国际货币体系中的主导地位。由于美元是各国外汇储备的第一大币种，发行美元的美国其货币本身就充当了外汇储备的功能。但也应该看到，随着美国经济实力的相对衰落以及新兴市场国家货币国际化进程的推进，美元作为国际主导货币的优势地位也将会随之下降。

政府债务

金融危机后，美国财政赤字急剧攀升，政府债台高筑，严重侵蚀了财政政策的可持续性。数据显示，2008 年美国的财政收入总额约为 45105 亿美元，较上年减少 748 亿美元；政府支出总额约为 54390亿美元，较上年增加 4888 亿美元；财政赤字额约为 9284 亿美元，占GDP 的比例达到 6.3%，比上年提高了 3.8 个百分点。2009 年，美国

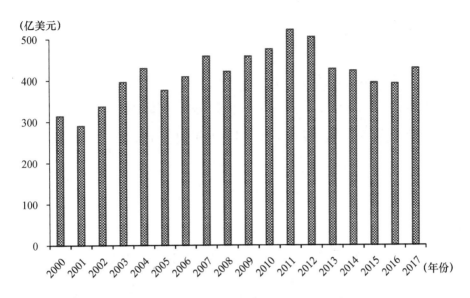

图1—12 2000—2017年美国外汇储备规模变化

资料来源：国际货币基金组织数据库，2018年4月。

政府的财政状况进一步恶化。2009年，美国财政收入总额为40993亿美元，较上年减少4112亿美元；财政支出总额为59407亿美元，较上年增加5018亿美元；财政赤字额占GDP的比例升高至12.7%的高位。此后数年，美国的财政赤字一直维持较高水平（见图1—13）。巨额的财政赤字，使美国一度面临"财政悬崖"问题。2012年2月7日，时任美联储主席伯南克在国会听证会上首次提出这一概念，用来形容在2013年1月1日这一"时间节点"上自动削减赤字机制的启动会使政府财政开支被迫突然减少，支出曲线看上去状如悬崖，故为"财政悬崖"。在最后关头，即2012年的最后一天，美国民主、共和两党达成解决"财政悬崖"的妥协议案，其主要内容包括从2013年开始，美国将调高年收入45万美元以上富裕家庭的个税税率，失业救济金政策在 2013 年延长一年，把将在 2013 年年初启动的约 1100 亿美元政府开支削减计划延后两月再执行等。次日，这一议案在国会参众两院投票获得通过。尽管"财政悬崖"问题已得到规避，但这种长期赤字政策的不可持续性仍成为美国经济稳定发展的一个难以在短期内排除的隐患。财政上的捉襟见肘，让美国联邦政府日益频繁的陷入关门危机，并在 2018 年年末至 2019 年年初创下连续 35 天关门的最高纪录。

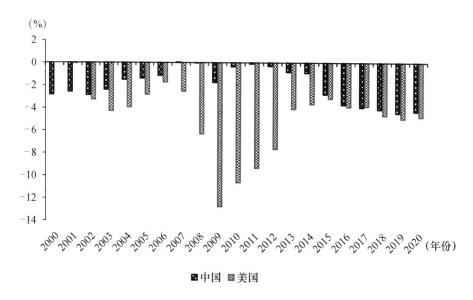

图 1—13　2000—2020 年中国与美国财政收支占 GDP 比例

注：2018—2020 年数据为预测值。

资料来源：国际货币基金组织数据库，2018 年 10 月。

2000 年以来持续实施的财政赤字政策导致美国政府债务水平迅速上升。国际货币基金组织数据显示，2017 年年底，美国政府债务余额达到了 20.50 万亿美元，占 GDP 的比例约为 105.2%，并且未来很长一段时期，美国政府总债务占 GDP 的比例仍将维持在 100% 以上的高水平（见图 1—14）。为此，美国国内两党之间曾多边围绕债务上限问题展开了激烈斗争，标准普尔也一度将美国长期国债信用评级从最高级"AAA"下调至"AA＋"级，这使得美国的债务问题日益显性化。在美联储步入加息通道，高额的利息支出进一步加重了财政负担。财政赤字和债务问题也对美国的对外政策带来了影响。由于面临财政上的掣肘，美国将不得不削减国防等领域的预算。尽管时任总统奥巴马提出削减国防开支不会以牺牲亚太地区作为代价，即在该地区的军事存在不会减少，军事能力也不会下降，但其在对外战略上的收缩已显露无遗。

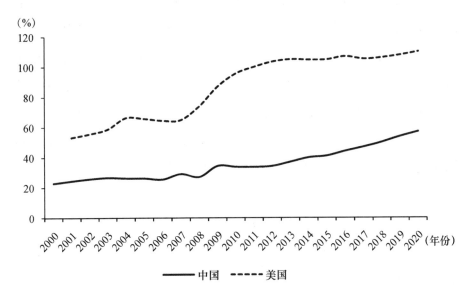

图 1—14 2000—2020 年中国与美国政府总债务余额占 GDP 比例

注：2018—2020 年数据为预测值。

资料来源：国际货币基金组织数据库，2018 年 10 月。

相比之下，中国财政状况较好，财政收支水平始终处于合理区间。尽管受金融危机冲击，2009 年中国的财政赤字水平也相对较低，赤字额占 GDP 的比例为 1.7%；2011 年财政赤字额降至 0.1%。此后，财政赤字率有所提升，并在 2017 年达到 3.9%。在政府债务方面，2017 年中国的政府总债务占 GDP 的比例为 47.0%，较美国的这一比例低 58.2 个百分点。① 这不仅反映了中国财政的可持续性，也为国内经济发展和对外战略的实施提供了保障。

企业实力

中国经济实力的提升还反映在大型企业实力的不断增强上。对于企业实力，福布斯每年发布全球企业 2000 强榜单。该榜单较为全面地评价了企业的综合实力，它通过企业的营业收入、利润、资产和市值四个方面的指标，对全球规模最大、最有实力的上市公司进行排名。2018 年来自 60 个国家和地区的上市公司登上福布斯全球企业 2000 强榜单，这些公司的总营收达 39.1 万亿美元，总利润达 3.2 万亿美元，总资产达 189 万亿美元，总市值达 56.8 万亿美元。所有指标均较上年有较大幅度增长，其中利润增速达 28%。

根据 2018 年全球企业 2000 强榜单，美国有 560 家公司上榜，全球排名第一；中国（包括中国香港）有 291 家企业上榜，位列第二。在新上榜公司中，中国企业数量位居第一，这反映出中国企业仍处于快速成长阶段。在前 10 强中，中国与美国各占 5 席。其中，中国工商银行则连续六年蝉联冠军，总资产达 42109 亿美元，利润达 437 亿美元；中国建设银行位列第二，总资产达 36316 亿美元；排在第五位

---

① 数据来自 IMF 世界经济展望数据库，2018 年 10 月。

的中国农业银行和第九位的中国银行总资产分别达 34393 亿美元和 32042 亿美元；平安保险集团首次进入前 10 位，总资产达 10664 亿美元（见表 1—1）。

表 1—1　　　　　　　　2018 福布斯全球上市企业前 10 强

排名	公司	国家/地区	销售额（亿美元）	利润（亿美元）	资产（亿美元）	市值（亿美元）
1	中国工商银行	中国大陆	1653	437	42109	3110
2	中国建设银行	中国大陆	1432	372	36316	2612
3	摩根大通 JP Morgan Chase	美国	1182	265	26098	3877
4	伯克希尔哈撒韦 Berkshire Hathaway	美国	2352	397	7027	4919
5	中国农业银行	中国大陆	1293	296	34393	1841
6	美国银行 Bank of America	美国	1030	203	23285	3135
7	富国银行 Wells Fargo	美国	1021	217	19154	2653
8	苹果 Apple	美国	2475	533	3675	9269
9	中国银行	中国大陆	1182	264	32042	1586
10	平安保险集团	中国大陆	1416	139	10664	1814

资料来源：福布斯中文网，2018 年 6 月。

此外，在运营商方面，中国移动不仅领衔中国通信业更是全球通信行业中当之无愧的领头羊。在全球 2000 强企业中，中国移动排名第 25 位，通信业上榜企业排名第一；中国电信排名第 174 位。作为中国通信业的新兴强企，华为因为没有上市而未列入评比。

美国力不从心的 TPP 战略

追根溯源，跨太平洋伙伴关系协定（TPP）最早曾是美国提出的一个倡议。在 1998 年 11 月亚太经济合作组织（APEC）峰会期间，时任美国贸易代表的巴尔舍夫斯基非正式地倡议建立一个由美国、澳大利亚、新西兰、智利和新加坡组成的"太平洋五国自由贸易区"（P5 FTA），并以此作为 APEC 的"核心集团"。但随后由于美国将外贸战略重点放在双边 FTA，这一倡议最后未能付诸实践。尽管如此，智利、新西兰和新加坡三国对这一跨太平洋区域贸易安排仍然表现出深厚的兴趣，并积极推动这一进程。在 2002 年 10 月墨西哥举行的 APEC 领导人非正式会议期间，三国领导人宣布正式启动"太平洋三国更紧密经济伙伴协定"（P3 Closer Economic Partnership Agreement）谈判。在 2004 年第二轮谈判中，文莱成为观察员，后于 2005 年 4 月第五轮谈判中成为正式谈判方。2005 年 7 月，四国签署了"跨太平洋战略经济伙伴关系协定"（Trans-Pacific Strategic Economic Partnership，P4）。2006 年 5 月，该协定正式生效。

跨太平洋战略经济伙伴关系协定主要条款包括 20 项，内容涉及货物贸易的市场准入、海关程序、原产地规则、贸易技术壁垒和贸易救济、动植物检验检疫、知识产权、政府采购、竞争政策和争端解决机制等方面。在货物贸易的关税削减方面，协定生效后四国间 90% 的贸易商品免除关税，并最终在 2017 年前消除所有进口关税。[①] 在协定生效两年后，四国再进行投资和金融服务的谈判。此外，四国还签署

① Ministry of Foreign Affairs and Trade of New Zealand, *The New Zealand-Singapore-Chile-Brunei Darussalam Trans-Pacific Strategic Economic Partnership*, Wellington, 2005.

了具有约束力的《环境合作协定》和《劳工合作备忘录》。

从经济规模上看，TPP 的四个初始成员国都不大，因此协定签订后的福利效应和影响并不显著。但四国市场开放程度较高，而且由于新加坡和文莱是东盟成员国，新西兰与澳大利亚签订有双边自由贸易协定（FTA），这样就通过 P4 将澳新自贸和东盟自贸区联结到了一起，并且将范围扩展到南美国家。因此，P4 在实际上充当了建立更大范围的 FTA 网络的联结作用，其成员可以通过彼此的 FTA 网络，间接实现开拓亚太市场的目标。与现有的多数 FTA 和区域贸易安排（RTA）相比，P4 没有设立严格的排他性条款，而是一个开放性的协定，明确表示欢迎非成员经济体的加入，尤其是对 APEC 其他成员开放，这为后来 TPP 成员国的扩展提供了协定基础。

2008 年 2 月，曾作为 P5 FTA 倡议者的美国将目光重新投向 P4，明确表示加入 P4 投资和金融服务业谈判的意向。9 月，时任美国贸易谈判代表施瓦布表示美国将考虑于 2009 年开始参与 TPP 框架下的自由贸易谈判。11 月，澳大利亚和秘鲁正式承诺加入 TPP 谈判。2009 年 3 月，TPP 的四个初始成员国同意接受越南以"联结成员"的身份加入 TPP 谈判。11 月，时任美国总统奥巴马在日本进行国事访问期间宣布，美国将正式加入 TPP 谈判进程。2010 年 3 月，由新西兰、新加坡、智利、文莱、美国、澳大利亚、秘鲁和越南八国参加的 TPP 首轮谈判在澳大利亚墨尔本举行，这是 P4 转变为 P8 的第一次正式谈判。八国代表就如何建立一个"面向 21 世纪的高标准、全面的自由贸易协定"进行了深入讨论，谈判涉及的议题主要包括关税、非关税贸易壁垒、电子商务、服务和知识产权等，并讨论了将 TPP 扩大到亚太地区所有国家的长远目标。在 TPP 的谈判进程中，马来西亚、墨西哥、加拿大和日本陆续加入谈判，从而使参加 TPP 谈判的成员国扩大为 12 个，并因此使 TPP 成为全球最重要的谈判团体之一。2013 年 8 月，第 19 轮 TPP 谈判在文莱举行。这是现有 12 个谈判成员国首次全程参与的谈判。2016 年 2 月 4 日，12 个谈判成员国代表在新西兰奥克兰正式签署 TPP 协定。

作为目前世界上唯一的超级大国和亚太地区最重要的经济体，美国的参与对 TPP 的发展产生了至关重要的影响。纵观美国为推动 TPP 谈判所做出的努力，可以说在美国自由贸易协定谈判历史中前所未有。缘何美国自一开始拉拢几个规模不大的经济体如此积极推进 TPP 谈判？究其原因，TPP 支撑着美国在亚太地区的战略利益及其在全球经济格局中的战略意图。

从浅层次的利益考虑来看，对美国而言，在全球经济危机后推动 TPP 谈判的意义在于它有助于解决美国国内经济问题，即通过推动建立 TPP 来实现其"出口倍增"计划，并以此来促进就业。国际金融危机后，美国出口大幅滑坡、失业率居高不下。为了加强与亚太区域的贸易联系，实现其 5 年之内出口翻番、创造 200 万个就业机会的政策目标，美国需要开拓更多的亚太经济体市场，以提升出口总量，从而逐步实现"消费驱动"向"出口驱动"转变。

从深层次的战略考虑来看，美国大力推动 TPP 谈判，至少有两个影响亚太以及全球格局的战略意图。一方面，TPP 可以作为美国应对亚洲新兴力量崛起、布局亚太秩序的重要手段。自奥巴马政府上台执政以来，美国的对外战略从观念到实践都出现了相应的调整，美国的全球利益和战略重点不断"东移"，原有的以安全—贸易为主轴的东亚战略面临着中国崛起以及东亚经济一体化迅速发展的挑战。为了避免置身东亚地区合作机制之外，美国调整了东亚战略考虑，确定"重返亚洲"战略，从而主导亚太经济合作的未来，塑造以美国为中心的亚太地区新秩序。这一战略调整在实践上的重要表现是，美国重新认识到 P4 的战略价值，并作为一套建立东亚、东南亚地区秩序的新方案的核心内容。另一方面，美国可以通过 TPP 谈判主导未来全球经济治理尤其是国际贸易规则。TPP 被称为 "21 世纪的自由贸易协定"，它包括知识产权保护、劳工标准、环境标准、安全标准、技术贸易壁垒、动植物卫生检疫、促进中小企业发展、竞争政策、政府补贴、反贪、限制国有企业等内容，标准之高和覆盖领域之广远远超过一般自由贸易区协定。在 TPP 谈判中，美国一直牢牢控制谈判的主导权，尤其是在规则制定方面的主导权。与以往的经济合作协定不同，TPP 增加了 "战略合作" 内容，这些内容更有助美国推行有利于自己的贸易标准。TPP 谈判将贸易问题与劳工、环境、绿色技术等新问题挂钩，开辟了贸易领域的新规则，对于未来的国际贸易规则的影响意义不言而喻。TPP 也因此被认为是美国在世界贸易组织之外推动自由贸易的新途径。正如美国前国务卿希拉里·克林顿所言，TPP 谈判目的在于塑造下一代的全球贸易规则。美国通过 TPP 确立未来国际贸易协定的 "样板"，以此主导未来国际贸易规则，从而谋求长远的制度收益。

如果仅将 TPP 作为一个贸易协定来看，它将成为美国构建亚太自贸区（FTAAP）的基础。美国与先前参与 TPP 谈判的各国的贸易仅占美国贸易总量的一小部分，因此 TPP 本身对美国的效益相对较小。但通过将各种途径整合起来，FTAAP 能够带来较大的效益增量。美国布朗戴斯大学教授彼得·皮特里（Peter A. Petri）和经合组织（OECD）政策部主任迈克尔·普卢默（Michael G. Plummer）认为，当时美国直接推行 FTAAP 谈判仍未具备有利的政治环境，部分是由于美国的经济和政治仍在忙于应付"大衰退"所造成的后果。[①] 因此，对美国而言，以 TPP 为突破口，循序渐进地推进 FTAAP 曾是唯一可行的途径。

然而，随着中国等新兴经济体贸易地位的显著提升，TPP 成员贸易总额占全球的份额大幅下降。作为一种战略工具和区域性贸易协定，在全球治理时代，TPP 越来越难以实现美国主导国际贸易规则、锁定亚太经贸结构的战略目标。为此，美国新任总统唐纳德·特朗普于 2017 年 1 月 20 日宣誓就职当天就宣布退出 TPP 协定，并于 3 日后正式签署行政命令。曾经担当大任的 TPP 也由此正式淡出美国对外战略的议程。

◇ 第三节　全球治理规则与机制的深刻调整

全球治理机制改革势在必行

随着新兴经济体的迅速崛起，现行全球经济治理机制界定的利益分配格局变得越来越不合时宜，这成为全球经济治理机制产生合法性危机的主要来源。国际制度合法性的最基本要求是程序合法，而程序合法的主要判断依据是制度的代表性，即所代表和分配的利益的公平与否。在国际货币基金组织、世界银行、世界贸易组织等现行全球经济治理机制中，新兴市场与发展中经济体均处于不利地位。

---

① Peter A. Petri and Michael G. Plummer, "The Trans-Pacific Partnership and Asia-Pacific Integration：Policy Implications", Peterson Institute for International Economics Policy Brief PB 12 – 16, June 2012.

在国际货币基金组织，新兴市场与发展中国家的代表性严重不足。截至 2018 年年底，国际货币基金组织拥有 189 个成员国，其中 160 个属于新兴市场与发展中国家成员，但该组织的领导权和决策权牢牢控制在为数不多的发达国家成员手中，而新兴市场与发展中国家的代表性严重不足。以投票权为例，在 2006 年新加坡会议进行投票权改革之前，发达经济体拥有 60.6% 的投票权份额，其中欧盟为 32.5%，美国为 17.4%；而作为新兴市场与发展中国家的代表，金砖国家的投票权份额仅为 9.8%，其中中国为 2.9%。由于新兴经济体的代表性不足问题越来越突出，国际货币基金组织的合法性基础遭到严重侵蚀。为此，从 2006 年起，国际货币基金组织启动了投票权的重大改革。尽管从 2006 年起，国际货币基金组织启动了投票权的重大改革，并且新兴经济体的投票权份额有所上升，但与新兴经济体日益增长的经济实力相比，其代表性不足问题不仅没有得到改善，反而变得更加突出。2010 年金砖国家在全球经济中占有 26.0% 的份额，其投票权份额仅为 10.6%，两者相差 15.4 个百分点；2005 年这一差距为 10.9 个百分点。而发达经济体的投票权与其经济的比重相比，均得到一定幅度的提高。此外，从机构的管理层来看，自国际货币基金组织成立之日起，总裁职位均由来自发达经济体的人员担任，进一步巩固了发达经济体在国际货币基金组织中的主导地位。

在世界银行，新兴市场与发展中经济体代表性严重不足的问题依然存在，新兴经济体代表的份额也落后于七国集团发达经济体，其合法性也越来越受到广泛质疑。2010 年 4 月 25 日，世界银行通过了投票权改革方案，将发展中国家在世界银行的整体投票权提高到 47%。改革后，金砖国家的投票权份额上升到 13.1%。其中，中国的投票权几乎翻了一番，跃居成为第三大股东国，仅次于美国和日本。与此同时，七国集团成员的投票权份额都有不同程度的下降。但总体来看，与金砖国家的经济规模相比，其应该拥有的投票权份额与现实还存在较大差距。

关于世界贸易组织的决策机制，除争端解决机制采用"反向协商一致"之外，所遵循的原则是：协商一致与投票表决相结合，前者为常规和先导，后者为例外和后盾。因而在世界贸易组织的决策实践中，几乎都是使用协商一致原则。从形式上看，世界贸易组织的决策实行的是一个成员一票制，并且任一成员都不享有否决权。但从实践上看，投票表决在多边争端解决中常常被架空，取而代之的是世界贸易组织各种协议中没有明文规定的"非正式磋商"，即所谓的"绿屋会议"（Green Room）。这种非正式决策机制将大多数世界贸易组织成员（主要是发展中成员）排除在外，而由主要发达成员和少数发展中成员参加并针对相关议题进行小范围讨论后形成议案，再提交部长大会讨论并达成"协商一致"，从而形成了实质上的加权决策。这使得多数同样拥有一票的新兴与发展中成员不能拥有同等参与关乎切身利益问题的讨论和协商的机会，从而侵害了这一全球贸易治理机制的公平性和合法性。

新规则构筑未来全球经济治理新结构

尽管当前全球经济治理受到诸多挑战，但回顾国际社会在全球经济治理领域所取得的种种进展，可以清楚地看到，全球经济治理正逐步从相对无序的状态朝着以规则为基础的相对有序的方向迈进，并且全球化进程的发展以及大国之间的博弈越来越多地取决于未来国际规则的确立，国际制度和规则日益成为世界各国实现自身利益的最重要的工具。

在全球层面，世界贸易组织在促进贸易便利化方面取得重大进展。2013 年 12 月，世界贸易组织巴厘部长级会议上通过了《贸易便利化协定》（TFA）。2014 年 11 月，世界贸易组织通过有关议定书，交由各成员履行国内核准程序。2017 年 2 月 22 日，在卢旺达、阿曼、乍得以及约旦向世界贸易组织提交批准书后，接受该协定的成员达到112 个，超过世界贸易组织成员总数的 2/3，该协定正式生效。《贸易便利化协定》分为三大部分，共 24 条。第一部分包括第 1 条至第 12条，规定了各成员在贸易便利化方面的义务，涉及信息公布、预裁定、货物放行与结关、海关合作等方面 40 项贸易便利化措施；第二部分包括第 13 条至第 22 条，规定了发展中成员在实施该协定第一部分时可享受的特殊和差别待遇，主要体现在实施期和能力建设两个方面；第三部分包括最后两条，涉及机构安排和最后条款，规定成立世界贸易组织贸易便利化委员会及各成员国内配套措施，还包括该协定适用争端解决机制。根据测算，完整履行《贸易便利化协定》将会使全球贸易成本减少约 14.3%。与此同时，服务贸易协定（TiSA）谈判取得进展。TiSA 谈判发源于世界贸易组织框架，起因是美欧等国认为 20 年前达成的《服务贸易总协定》（GATS）远远落后于时代，主张用列"负面清单"的谈判模式推动达成更高标准的服务贸易协议。TiSA 谈判议题包括：金融服务、电信、国内规制、海洋运输与作为服务提供者的自然人流动等。此外，2017 年 7 月，世界贸易组织《信息技术协定》（ITA）扩大产品范围谈判形成了一份共计 201 项产品的扩围产品清单。

区域层面，2008 年国际金融危机后影响较大的经贸谈判有：TPP/CPTPP、TTIP 及区域全面经济伙伴关系协定（RCEP）。其中前两个以美国为主导。具体来说，TPP 是由美国主导的旨在进一步推动亚太地区经济自由化的区域自由贸易协定；TTIP 是美国和欧盟共同推动构建的自由贸易区或区域一体化安排；RCEP 由东盟国家提出，并以东盟为主导的区域经济一体化安排，是东盟成员间相互开放市场、实施区域经济一体化的组织形式。TPP 和 TTIP 涵盖了主要的发达国家和亚太经济体，旨在达成影响未来全球经济治理结构的国际贸易与投资标准和规则。尽管由于形势变化，一些谈判搁浅或发生变化，但可以肯定的是，发达国家主导新规则和新体系的努力仍在继续。

双边层面，不同国家之间双边投资协定（BIT）和自由贸易区协定谈判也是其中主要内容。如 2008 年正式启动的中美 BIT 谈判在全球两个经济总量排名第一和第二的大国之间展开，2013 年正式启动的中欧 BIT 谈判在全球最大的两个贸易体之间进行，对中、美、欧都有非常重要的意义。虽然谈判进程非常缓慢和艰难，甚至出现停滞，但也充分表明了世界主要经济体对于建立新的国际经贸规则的愿望和诉求。

总之，随着经济全球化的发展和各国经济相互依存的加深，世界范围内逐步形成了规范各国经济行为的全球新规则，并在此基础上建立了世界经济运行的全球机制。而现行各种全球经济治理机制的建立、改革和完善均是在应对全球化和各国经济相互渗透带来的风险与挑战的过程中完成的。

全球治理改革在调整中不断推进

国际金融危机爆发后，在全球经济治理领域，世界各国尤其是新兴经济体面临了一系列新的挑战。危机中全球经济增长放缓、外部需求不足以及发达经济体持续的宽松货币政策带来全球流动性泛滥、大宗商品价格高位波动、贸易投资保护主义盛行以及金融市场剧烈动荡等，都需要通过世界各国的合作与协调加以解决。尽管金融危机后全球经济治理面临诸多挑战，但全球经济治理变革已成大势所趋。近年来，全球经济治理在一些重点领域取得了新的进展，世界主要经济体在国际金融监管、国际货币体系改革和全球失衡等议题上的合作不断深入。

货币金融领域的治理进展与发展形势主要特征表现为传统国际金融机构改革进程缓慢，新兴区域和跨区域金融治理机制发展迅速。一方面，国际货币基金组织和世界银行改革方案难以落实。2015 年 4 月，国际货币基金组织和世界银行春季年会讨论了国际货币基金组织两大改革议题：一是落实 2010 年国际货币基金组织份额和治理改革，二是审查特别提款权（SDR）货币篮子。针对份额改革因美国阻挠不能落实，国际货币基金组织已开始启动"B 计划"，并且已从纳入 SDR 两个标准和中国金融改革政策两个方面对人民币进行评估。尽管改革方向非常明确，但推行难度仍不可低估。另一方面，一些新兴国家开始谋求建立新的跨区域多边开发性金融机构。2014 年金砖国家领导人会晤决定，金砖国家开发银行总部将设在中国上海，首任理事长来自俄罗斯，首任董事长来自巴西，首任行长来自印度。该行初始授权资本将为 1000 亿美元，初始认购资本将为 500 亿美元，由 5 个创始成员国均摊。亚投行在此背景下应运而生。

此外，全球经济治理的议题和领域得到不断拓展。作为全球经济治理的首要平台，二十国集团峰会增加和扩展了一些新的议题，在全球经济复苏和增长、创造就业、打击逃税、应对气候变化、反腐败、大宗商品价格波动等问题上达成广泛共识，着重强调增长在解决当前世界经济问题中的关键作用，推动建立可持续的平衡增长框架，倡导构建大宗商品价格监管体系，进一步促进国际贸易公平、有序发展。

第 二 章

现实需求：开发性金融体系呼唤新成员

◇第一节　开发性金融的兴起

政策性金融

政策性金融是在一国政府支持下，为了实现产业和行业发展等特定政策目标而采取的金融手段。它以国家信用为基础，通过具有特定政策性意向的存款、投资、担保、贴现、信用保险、存款保险、利息补贴等一系列特殊性资金融通行为直接或间接贯彻和配合国家特定的经济和社会发展政策。政策性金融机构是由政府发起并出资成立，旨在贯彻和配合政府特定经济政策和意图而进行融资和信用活动的金融机构。由此可见，政策性金融机构是国家干预、协调经济社会发展的产物。

世界上很多国家都建立了政策性银行。根据服务领域的不同，政策性金融机构一般包括四种类型：一是经济发展型政策性金融机构，它主要为经济开发提供长期投资或贷款，目的在于促进工业化，配合国家经济发展振兴计划或产业振兴战略。这类金融机构的贷款和投资多以基础设施、基础产业、支柱产业的大中型基本建设项目和重点企业为对象。世界上多数国家均设立有类似机构，例如美国复兴金融公司、日本国际协力银行①、德国复兴信贷银行、加拿大联邦实业开发银行、意大利工业复兴公司、印度工业开发银行和中国国家开发银行②等。二是农业发展型政策性金融机构，它主要为农业发展提供中长期低利贷款，以贯彻和配合国家农业扶持和保护政策。例如，美国农民家计局、法国农业信贷银行、日本农林渔业金融公库、印度国家农业和农村发展银行、中国农业发展银行等。三是进出口促进型政策性金融机构，它主要为促进进出口贸易和国际收支平衡，尤其是支持和推动出口。例如，美国进出口银行、加拿大出口发展公司、英国出口信贷担保局、法国外贸银行、印度进出口银行、韩国进出口银行、中国进出口银行、中国出口信用保险公司等。四是住房支持型政策性金融机构，它主要扶持住房消费，以贯彻和配合住房发展政策和房地产市场调控政策。例如，美国联邦住房贷款银行、美国联邦住房贷款抵押公司、加拿大抵押贷款和住房公司、法国地产信贷银行、德国住房储蓄银行、日本住宅金融公库、印度住房开发金融公司、新西兰住房贷款公司等（见表2—1）。

---

① 1952年，日本政府成立日本输出入银行；1961年，成立海外经济协力基金（OECF）。1995年，日本政府决定将日本输出入银行和日本海外协力基金合并。1999年10月1日，上述两大日本政府海外援助机构正式合并，并更名为"日本国际协力银行"。

② 2008年12月16日，国家开发银行更名为国家开发银行股份有限公司，并由此成为中国第一家由政策性银行转型而来的开发性金融机构，标志着中国政策性银行改革取得重大进展。

表 2—1　　　　　　　　　　政策性金融机构分类

类别	宗旨与目标	代表性机构
经济发展型	为经济开发提供长期投资或贷款	美国复兴金融公司、日本国际协力银行、德国复兴信贷银行、加拿大联邦实业开发银行、意大利工业复兴公司、印度工业开发银行、中国国家开发银行
农业发展型	为农业发展提供中长期低利贷款	美国农民家计局、法国农业信贷银行、日本农林渔业金融公库、印度国家农业和农村发展银行、中国农业发展银行
进出口促进型	促进进出口贸易和国际收支平衡	美国进出口银行、加拿大出口发展公司、英国出口信贷担保局、法国外贸银行、印度进出口银行、韩国进出口银行、中国进出口银行、中国出口信用保险公司
住房支持型	扶持住房消费	美国联邦住房贷款银行、加拿大抵押贷款和住房公司、法国地产信贷银行、德国住房储蓄银行、日本住宅金融公库、印度住房开发金融公司

资料来源：笔者整理。

商业性金融

商业性金融是根据市场法则引导资源合理配置和货币资金合理流动等经济行为而产生的以营利为目的金融活动。商业性金融接受国家产业政策的引导，但其决策主体是商业银行而非国家政府，其基本原则是实行有偿借贷和追逐利润最大化。商业性金融机构是按照现代企业制度建立起来的，以营利为目的的银行金融机构和非银行金融机构。其中，非银行金融机构包括信托投资公司、证券公司、财务公司、金融租赁公司等。

尽管政策性金融机构和商业性金融机构都有接受金融监管机构的

监督，贷款需经严格审查并需还本付息，但两者之间存在明显的区别。在资本金性质、经营目标、负债来源、业务范围、贷款模式、承担风险和税收政策等各个方面，两者都有不同的特征或侧重点。其中，政府出资或控股、不吸收存款和不以营利为首要目的是政策性金融机构与商业性金融机构的最大区别（见表2—2）。

表2—2　　　　　　　　政策性金融机构与商业性金融机构比较

	政策性银行	商业银行
资本金性质	政府财政拨款出资或政府参股，政府控股	政府注资或私人股本，多数以私人股本为主
经营目标	政策导向，不以营利为目标，贯彻国家社会经济政策	商业导向，以利润最大化为目标
负债来源	不吸收存款，各种借入资金和发行政策性金融债券	主要吸收存款，少量债券
业务范围	国家重点建设和政策重点扶持的特定行业及区域	业务范围广泛
贷款模式	中长期贷款，低息贷款	短期居多，中长期贷款和低息贷款较少
承担风险	政府信用担保，自身承担的风险较小	自主经营，独立核算，自身承担风险较高
税收政策	多数享受税收减免	不享受税收减免

资料来源：笔者整理。

在市场经济条件下，市场和政府是实现资源配置的两种手段。对于金融机构来说，运用金融市场的资源配置功能有助于提高资金的运行效率，但在金融资源配置中市场机制也会由于"市场失灵"和"市场缺陷"问题而产生系统性风险和危机。正因如此，政府才有必要介入和干预金融体系，通过创立政策性金融机构来校正市场机制的失灵和缺陷问题，从而实现社会资源配置的经济有效性和社会合理性的有机统一。

开发性金融

在实行市场经济体制的国家中，商业性金融与政策性金融都是金融体系中的重要组成部分，但以市场机制进行运作的商业性金融往往占据主导地位，而以政府为主导进行运作的政策性金融在规模上相对较小，两者各有优点，功能与作用相互补充。

但也应该注意到，政策性金融和商业性金融存在各自的弊端。对于商业性金融而言，由于过于追求利润最大化，并且遵循市场规则，难以克服市场失灵问题。与此同时，政策性金融也存在一些弊端。由于政策性金融机构是由政府出资并代表政府行使银行职能，因此在产权制度上往往导致激励机制缺失，从而无法建立现代企业制度所要求的委托—代理关系。在机构治理上，往往出现机构人员臃肿、运营效率低下，也容易滋生官僚主义。此外，政策性金融机构以政府意志为导向，市场敏感度较低，创新意识也相对薄弱，往往难以适应市场形势变化和满足市场需求。

正因如此，纯粹的政策性金融机构与商业性金融机构都难以独立承担国别、区域和全球的发展融资使命，国际上越来越多的多边开发机构以及很多国家的开发性机构走向了融合政策性金融机构与商业性金融机构的开发性金融模式。一方面，开发性金融是政策性金融的深化和发展。与政策性金融类似，开发性金融也是以国家信用为基础，体现政府意志，为了实现政府发展目标、弥补体制落后和市场失灵。另一方面，开发性金融融合了商业性金融的运作模式。它往往通过多种融资途径推动项目建设和所及领域的制度及市场建设，注重市场业绩，通过实行政府机构债券和金融资产管理方式相结合来实现损益平衡。

从世界范围来看，开发性金融模式的发展演进可以划分为三个阶段：一是政府主导的政策性金融初级阶段。在这一阶段，开发性金融与政策性金融类似，都作为政府财政的延伸通过财政性手段弥补市场失灵。二是政府与市场并行推动阶段。在这一阶段，独立运行的开发性金融机构以及相关制度逐步建立和完善，但开发性金融仍以国家信用参与经济运行，开发性机构同时受到政府和市场的监管与推动。三是市场主体运行阶段。随着金融市场和相关制度的不断发展和完善，国家信用与金融运行逐步得以分离，开发性金融机构的运行随之完全纳入市场轨道和框架，并作为市场主体参与经济运行。但与商业性金融不同，它仍然具有弥补市场失灵、实施国家战略的功能。目前，世界上多数国家的开发性金融机构以及多边开发性金融机构都已经发展到第二联阶段，有的已进入相对成熟的市场主体运行阶段。

开发性金融机构作为一个投融资平台，主要遵循商业化运作，但在追求营利的同时也在很大程度上拥有公益性。开发性金融机构一般专注于涉及重大民生利益的基础设施项目，例如交通、能源、电信、市政建设、生态环保、农田水利等领域，为当地经济社会发展提供高效而可靠的中长期金融支持。开发性金融是介于政府和商业之间的一种投融资模式。这种模式主要对一些规模大、周期长，并具有一定商业价值的项目提供金融支持。

由于开发性金融承载着政策性金融和商业金融的双重职责，开发性金融机构能够具有较强的内在动力进行金融创新和市场拓展，因此开发性金融在世界范围内有很强的需求，其发展步伐也日益加快。20

世纪 90 年代以来，一些国家的开发性金融机构以及国际上多边开发性金融机构的金融手段突破传统上的单纯提供贷款业务，不断向咨询业务、担保业务、信托业务等中间业务以及直接融资等多元化业务发展的金融手段，以期同时实现政策性目标和盈利目标。

◇ 第二节　多边开发性金融制度安排

职能定位

当前，世界主要多边开发机构有世界银行、欧洲复兴开发银行、欧洲投资银行、亚洲开发银行、泛美开发银行、非洲开发银行和安第斯开发集团等。从现有多边开发机构的宗旨和职能来看，主要包括以下四个方面：一是减贫和促进发展。第二次世界大战以后建立的多边机构，包括世界银行、亚洲开发银行、非洲开发银行，这可以说是开发银行的传统目标。二是促进社会弱势领域的发展。包括欧洲投资银行、泛美开发银行、欧洲投资银行都有这一职能，主要是服务于中小企业、微型企业。三是促进可持续发展。以应对气候变化、环境保护和可持续发展为目标，欧洲投资银行是比较典型的，当然其他的多边开发机构也多少有类似目标。四是促进区域发展和融合。欧洲复兴开发银行主要为东欧国家转型服务，而安第斯开发集团则为本地区一体化服务。

具体而言，世界银行的主要职能是减贫、发展；欧洲复兴开发银行旨在为中东欧国家转型服务；欧洲投资银行主要为中小企业、不发达地区发展、气候变化、环境保护与可持续发展、知识经济、泛欧交通能源和通信网络建设提供支持；亚洲开发银行主要立足于亚洲地区减贫与发展；泛美开发银行主要为中小企业发展、私有部门发展（尤其是微型企业）提供服务；非洲开发银行重点关注减贫、技术和金融援助；安第斯开发集团的主要目的在于促进区域融合（见表2—3）。

表2—3　　　　　　　　世界主要多边开发机构的宗旨和职能

多边开发机构	宗旨与职能	其他功能
世界银行集团	减贫、发展	发展援助、软贷款由国际开发协会完成
欧洲复兴开发银行	帮助和支持中欧和东欧国家向市场经济转化	——
欧洲投资银行	为欧盟中小企业、促进不发达地区发展、气候变化、环境保护与可持续发展、知识经济、泛欧交通能源和通信网络建设提供融资	对中小企业的风险投资和援助由欧盟投资基金提供
亚洲开发银行	亚洲地区减贫与发展	发展援助、软贷款由亚洲开发基金提供
泛美开发银行	中小企业发展、私有部门发展（尤其是微型企业）	发展援助、软贷款由特殊运行基金提供
非洲开发银行	减贫、技术和金融援助　　开展研究	发展援助、软贷款由非洲开发基金和尼日利亚信托基金提供
安第斯开发集团	促进区域融合	——

资料来源：笔者根据各多边开发机构网站相关资料整理。

　　总之，多边开发性金融机构的资金来源不是依靠吸收公众存款，而是来自成员的资金认缴以及发行政策性债券。它的操作模式是介于政府财政性支出和商业贷款之间，投资对象主要是重大项目和基础设施。

成员资格

现有多边开发机构的成员构成，根据创立之初的成员资格设定，总的来说有以下三种类型：一是绑定获得成员资格。例如国际复兴开发银行向国际货币基金组织的成员、亚洲开发银行向联合国亚洲和远东经济委员会（ECAFE）的成员开放成员资格。这虽然是一种绑定，但也是一种选择。这种选择性与多边开发机构的战略意图密切相关。二是自动获得成员资格。这主要是在新成立的多边开发机构作为某一国际组织的附属机构时，该国际组织的成员自动获得附属机构成员资格。例如国际开发协会是世界银行集团的机构之一，美洲开发银行是美洲国家组织的专门机构之一，其成员资格对所属国际组织开放。三是面向特定地域。这主要是指区域性的多边开发机构对区域内国家开放成员资格，例如欧洲复兴开发银行、亚洲开发银行、非洲开发银行和美洲开发银行等。

表 2—4　　　　　　　　　多边开发机构的成员资格

多边开发机构	会员资格	备注
国际复兴开发银行	国际货币基金组织成员	
国际开发协会	世界银行成员	
欧洲复兴开发银行	欧洲国家和加入国际货币基金组织的非欧洲国家	欧盟和欧洲投资银行为机构成员

多边开发机构	会员资格	备注
亚洲开发银行	联合国亚洲及远东经济委员会成员或准成员	其他区域内国家以及非区域内的发达国家必须为联合国或者其任何一家专门机构成员
非洲开发银行	所有非洲国家	非区域内国家必须已成为或即将成为非洲发展基金的成员
美洲开发银行	美洲国家组织成员	非区域内国家经过批准后可加入

资料来源：笔者根据各多边开发机构网站相关资料整理。

股权与投票权分配

关于成员的股权分配，现有多边开发机构法定资本的初始认缴总体上有以下几种情形和特点：一是一国主导型。例如国际复兴开发银行成立时美国的股份比重占34.9%，而紧随其后的英国和苏联的股份比重分别为14.3%和13.2%，还不及美国的一半；美洲开发银行成立时美国的股权份额达到41.2%，而位列第二的巴西和阿根廷的股份比重均为12.1%。尽管后来这些开发机构的股权分配比例有所变动，但美国的绝对优势地位仍未改变。二是大国分享主导权。例如德国、英国、法国和意大利在欧洲投资银行的出资比例最高，均为16.17%；德国、英国、法国、意大利和日本在欧洲复兴开发银行的出资比例最高，均为8.66%；秘鲁、委内瑞拉和哥伦比亚占安第斯开发集团实缴资本比例均约为20%。三是区域优先型。在区域性的多边开发机构中，一般而言，股权分配主要以区域内成员为主，同时区域内成员在股权分配上具有一定的优越性。例如，欧洲投资银行和安第斯开发集团等区域性多边机构的股权只分配给区域内成员；在亚洲开发银行的股权分配中，日本、中国、印度和印度尼西亚等区域内国家的份额均高于美国。四是相对分散型。例如非洲开发银行各成员的股权分配比例相差较小，个别国家难以在其中起主导作用。为了缓解资金筹措压力，避免资金闲置，多边开发机构实收股份一般由成员进行分期认购（见表2—5）

表2—5 多边开发机构股份的分期认购

多边开发机构	认购期数	分期情况	支付时间
欧洲复兴开发银行	五期	每期支付20%	第一期缴纳时间在条约生效后60天内，或批准书、接受书或核准书的交存日，此后连续四年在这一日期支付其余份额
亚洲开发银行	五期	每期支付20%	第一期缴纳时间在条约生效后30天内，或批准书、接受书或核准书的交存日，第二期缴纳时间为条约生效后一年内，后三期缴纳时间与前一期缴纳时间间隔不超过一年
非洲开发银行	六期	第一期支付5%，第二期支付35%，其余各期支付15%	第一期缴纳时间为批准书、接收书的交存日或在此日期之前缴纳，第二期缴纳时间以协议生效或交存日后六个月为限，第三期缴纳时间以协议生效后十八个月为限，后三期缴纳时间与前一期缴纳时间间隔不超过一年
美洲开发银行	三期	第一期支付20%，后两期各支付40%	第一期缴纳时间不超过1960年9月30日，后二期缴纳时间由银行决定，但分别不超过1961年和1962年9月30日

资料来源：笔者根据各多边开发机构网站相关资料整理。

多边开发机构的资本数量和分配情况也各有不同。例如，国际复兴开发银行的法定资本为100亿美元，其中实收股份比例为20%，待缴股份比例为 80%；欧洲复兴开发银行的法定资本为 100 亿欧元，其中实收股份与待缴比例分别为 30% 和 70%；亚洲开发银行的法定资本仅为 10 亿美元，其中实收股份与待缴各占 50%（见表 2—6）。

表 2—6   多边开发机构的资本数量与分配

多边开发机构	成立年份	法定资本	股数	每股面值	实收股份比例	待缴股份比例
国际复兴开发银行	1947	100 亿美元	100000	10 万美元	20%	80%
欧洲复兴开发银行	1991	100 亿欧元	1000000	1 万欧元	30%	70%
亚洲开发银行	1966	10 亿美元	100000	1 万美元	50%	50%
非洲开发银行	1964	2.5 亿记账单位	25000	1 万记账单位	由理事会决定	由理事会决定
美洲开发银行	1959	8.5 亿美元	85000	1 万美元	47%	53%

注：记账单位的价值与 IMF 特别提款权（SDR），或者 IMF 为了同样目的采用的单位价值相当。

资料来源：笔者根据各多边开发机构网站相关资料整理。

投票权与股权密切相关，但两者却不相同。股权与收益相对应，而投票权反映出来的是决策权。现有多边开发机构成员的投票权一般由两部分组成：一是基本投票权，其分配原则主要是所有成员一律平等，无论国家大小和出资多少均获得相同数量的投票权；二是股权投票权，其分配原则是与各成员的资本认缴股份成正比，如果成员未出资，就不能行使相应的投票权，即所谓的加权表决制。

理论上讲，这种将平等与加权相结合的投票权分配方案，既体现了主权平等原则，也体现出国际事务中权利与义务相适应原则。但现实来看，这种分配机制将导致两个问题：一是实力强大的成员与实力相对弱小的成员在基本投票权比例设置问题上形成分歧或对立。以亚洲开发银行为例，以美国为代表的发达国家明确表示如果基本投票权份额超过20％，将拒绝作为其成员。二是拥有较多股权的成员往往获得较多的投票权，从而成为机构的主导者。例如，国际货币基金组织作为全球性机构，但其投票权主要掌握在美国、欧盟和日本手中，其中美国拥有超过15％的投票权，成为该组织唯一一个对重大事务决策拥有否决权的国家。世界银行的投票权分配亦是如此。

组织架构

多边开发机构的组织架构一般包括理事会、董事会、行长和副行长以及其他高层管理人员。理事会是最高权力机构，由各成员代表组成，一般为各成员的财政部长、中央银行行长或其他相当职位的高级官员。理事会主要权力包括：批准加入机构申请，决定新成员的加入条件；终止一国的成员资格；决定法定股本的增加或减少；裁定董事会在协议的解释与应用方面的上诉；批准达成与其他国际组织的合作条款；选举董事和行长，决定董事与代理董事的报酬，确定行长服务的合同条款；在复核审计员的报告后，批准资产负债表和损益表，确定储备与净利润的分配，决定营业终止及资产分配；修改协议等。理事会可以将部分或所有权力委托给董事会行使。理事会一般每年举行一次会议。

董事会为理事会领导下的常设机构，由若干名董事组成，实行任期制（见表2—7）。董事会负责机构的日常运作，行使理事会委托的所有权力，一般包括制定有关贷款、担保、股权投资、借贷、提供技术援助等方面的政策，向理事会提交每个财年的审计账目，批准机构的预算等。

表 2—7 　　　　　　　　　　多边开发机构的董事会构成

多边开发银行	总人数	规则
欧洲复兴开发银行	23	11 名由代表 A 类成员的理事指派，代表中欧和东欧国家、其他欧洲国家以及非欧洲国家的理事各指派 4 名
亚洲开发银行	10	7 名由区域内成员指派，3 名由非区域内成员指派
非洲开发银行	20	13 名由区域内成员指派，7 名由非区域内成员指派
美洲开发银行	14	具有最大股份的成员指派 1 名，非区域内成员指派至少 3 名执董，其他成员至少指派 10 名执行董事

注：A 类成员为比利时、丹麦、法国、德国、希腊、爱尔兰、意大利、卢森堡、荷兰、葡萄牙、西班牙、英国、欧盟和欧洲投资银行。

资料来源：笔者根据各多边开发机构网站相关资料整理。

行长和副行长在执行董事会领导下主持日常工作。行长由执行董事会选举产生，副行长由执行董事会任命，同样实行任期制。行长一般需要具有丰富的国际金融知识和从事金融事务的经历，英语流利，在国际金融界享有一定的威望。现有国际多边开发机构的行长基本为发达国家人员，例如 IMF 的总裁通常由欧洲人担任，世界银行行长一直由美国人出任，而亚洲开发行的行长都是日本人。

此外，很多多边开发机构还设有分支机构。例如，亚洲开发银行在阿拉木图、科伦坡、达卡、河内、伊斯兰堡、雅加达、加德满都、新德里、金边、维拉港和塔什干设立 11 个亚行常驻代表团，在东京、华盛顿、法兰克福设立代表处，协助总部工作。

总部选址

多边开发机构的总部选址不仅仅是一个办公场所的选择问题，同时也关系到总部所在地的影响力以及银行的未来发展。一方面，总部地址一经选定，变动的可能性很小，在交流和决策上，所在地可以发挥其地理上的优势，并享有总部经济效应带来的实惠；另一方面，总部选在条件优越的区域，不仅有利于机构运作的顺利起步，也会给其未来发展提供诸多便利。

从现有多边开发机构总部选址的情况来看，主要取决于以下四个因素：一是成员和所在城市的经济实力及政治影响力。国际货币基金组织、世界银行以及美洲开发银行均选在美国首都华盛顿，这与美国的经济实力和国际影响力密不可分。二是良好的社会、经济和政治环境。非洲开发银行成立之初总部选在科特迪瓦首都阿比让，但由于科特迪瓦政局不稳，2002 年非洲开发银行总部迁至突尼斯的突尼斯市。三是能够提供相应的物质与人力资源。这主要包括总部所在地拥有较为完善的交通、卫生、通信等基础设施，拥有大量高素质的国际化人才，满足银行中低层行政和后勤保障人员的供给。四是所在国拥有较为成熟的金融市场。完善的金融基础设施和优越的政策环境，有助于多边开发机构的融资和投资业务拓展。欧洲投资银行总部选在卢森堡、欧洲复兴银行总部选在伦敦金融城均出于这一考虑。

◇ 第三节 世界银行治理结构改革

职责与治理结构

世界银行集团成立于 1944 年，总部设在美国首都华盛顿。世界银行集团由以下五个机构组成：国际复兴开发银行（IBRD）、国际开发协会（IDA）、国际金融公司（IFC）、多边投资担保机构（MIGA）和国际投资争端解决中心（ICSID）。通常所说的世界银行主要是指国际复兴开发银行和国际开发协会。

国际复兴开发银行是全球发展合作机构，旨在推动各国实现平等、可持续经济增长，解决区域和全球经济、环境可持续发展等重要领域的紧迫问题。作为全球最大的发展银行和世界银行集团的一部分，国际复兴开发银行拥有两大目标：消除绝对贫困、促进共享繁荣。国际复兴开发银行主要通过提供贷款、担保、风险管理产品和发展经验，来协调区域和全球行动，以应对挑战，实现目标。国际开发协会是全球最大的提供多边优惠贷款渠道，也是世界银行帮助最贫困国家可持续消除绝对贫困与促进共享繁荣两大目标的主要工具。国际开发协会提供资金支持各国促进经济增长、减少贫困、改善穷人生活水平。

目前，世界银行的成员数为189个，成员通过理事会和执行董事会管理世界银行集团。各机构的所有重大决策均由理事会和执行董事会做出。理事会是世界银行的最高决策机构，由每个成员任命的一名理事和副理事组成，理事和副理事任期五年，可以连任。理事会的具体权力包括：接受成员和中止成员资格、增加或减少核定股本、决定净收入的分配、决定执行董事根据《协议条款》中的诠释提出的申诉、做出同其他国际组织合作的正式和全面安排、终止业务、增加当选执行董事人数、审批《协议条款》修正案等。

世界银行的执行董事会成员包括世界银行行长和执行董事。行长由执行董事会选举产生，是银行行政管理机构的首脑，在执行董事会的有关方针政策指导下，负责银行的日常行政管理工作，任免银行高级职员和工作人员，行长同时兼任执行董事会主席。世界银行的行长通常由美国人担任，迄今共有13位美国人出任行长，最后一位正式行长为美籍韩裔金墉（于 2019 年 2 月 1 日卸任）。行长通常无表决权，但在赞成票和反对票持平的情况下有决定性的一票。行长任期为五年，可连任。

未经执行董事会明确授权，执行董事不能单独行使任何权力，也不能单独做出承诺或代表世界银行。执行董事对世界银行业务进行监督，其职责还包括审批贷款和赠款、新政策、管理预算、国别援助战略以及借款和财务决策。按照《国际复兴开发银行协议条款》第五条第 4（b）款的规定，首任执行董事会由 12 名执行董事构成。目前，执行董事总数为 25 名。

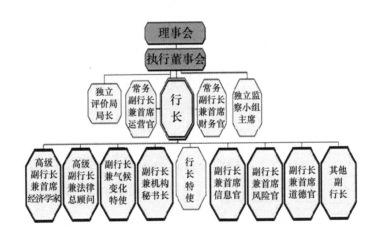

图 2—1 世界银行主要组织机构

资料来源：笔者根据世界银行网站资料制作。

世界银行在行长以及负责地区、行业和综合管理的机构部门的领导与指导下开展日常运营，其中地区部门包括非洲地区、东亚和太平洋地区、欧洲和中亚地区、拉美和加勒比地区 、中东和北非地区、南亚地区等。

投票权改革

世界银行采用加权投票制。根据《国际复兴开发银行协议条款》规定，世界银行成员资格面向国际货币基金组织（IMF）的所有成员开放。申请加入 IMF 的国家须提供其经济数据以供 IMF 与其他经济规模类似的成员的数据进行比较，然后获得一个相当于向 IMF 认缴额度的配额，该配额决定该国在 IMF 的投票权重。[①] 世界银行的每个成员可获得的基本票为 250 票，加上在股本中所持股份每股为一票。IMF 给予的配额用于确定配给每个世界银行成员的股份数量。

世界银行集团各机构的投票权重分布各不相同。2010 年 4 月，世界银行发展委员会通过了一项提升新兴与发展中经济体话语权的改革方案，主要内容包括：一是从发达经济体向新兴与发展中经济体转移投票权。在国际复兴开发银行（IBRD）中，发展中国家和转型国家的投票权将升至 47.19%，较改革前提高 4.59 个百分点，而发达国家相应减少 4.59 个百分点。其中，中国在 IBRD 的投票权将从 2.78% 提高到 4.42%，成为仅次于美国和日本的第三大股东国（见表 2—8）。二是世界银行集团的增资方案。根据方案，世界银行集团确定增资 862 亿美元，其中实缴股本金 51 亿美元。三是建立国际复兴开发

---

① IMF 新的份额公式包括四个变量，即：GDP、开放度、波动度和储备，权重分别是 50%、30%、15% 和 5%。其中，GDP 变量的构成为按市场汇率计量的 GDP 和按 PPP 计算的 GDP 分别占 60% 和 40%。然后，根据一个"压缩系数"将公式取 0.95 次幂。IMF, *Reform of Quota and Voice in the International Monetary Fund — Report of the Executive Board to the Board of Governors*, March 28, 2008。

银行和国际开发协会股权动态审议机制，以实现发达经济体与新兴和发展中经济体之间平等的投票权。

表 2—8　　　　　　　　　　**2010 年世界银行投票权改革方案**

	第一阶段前	第一阶段		第二阶段	
	份额（％）	份额（％）	变动（百分点）	份额（％）	变动（百分点）
发达国家	57.40	55.94	−1.46	52.81	−4.59
美国	16.36	15.85	−0.51	15.85	−0.51
日本	7.85	7.62	−0.23	6.84	−1.01
英国	4.30	4.17	−0.13	3.75	−0.55
法国	4.30	4.17	−0.13	3.75	−0.55
德国	4.48	4.35	−0.13	4.00	−0.48
意大利	2.78	2.71	−0.07	2.64	−0.14
加拿大	2.78	2.71	−0.07	2.43	−0.35
发展中与转型国家	42.60	44.06	1.46	47.19	4.59
阿根廷	1.12	1.12	0.00	1.12	0.00
巴西	2.07	2.06	−0.01	2.24	0.17
中国	2.78	2.77	−0.01	4.42	1.64
印度	2.78	2.77	−0.01	2.91	0.13
印度尼西亚	0.94	0.94	0.00	0.98	0.04
韩国	0.99	0.99	0.00	1.57	0.58
墨西哥	1.18	1.17	−0.01	1.68	0.50
俄罗斯	2.78	2.77	−0.01	2.77	−0.01
沙特阿拉伯	2.78	2.77	−0.01	2.77	−0.01
南非	0.85	0.84	−0.01	0.76	−0.09
土耳其	0.53	0.53	0.00	1.08	0.55

资料来源：Office of the Corporate Secretary，*World Bank Group Voice Reform：Enhancing Voice and Participation of Developing and Transition Countries in 2010 and Beyond*，DC2010 − 0006，April 25，2010。

这些改革措施的实施预示着发展中国家将在世界银行中发挥更为重要的作用，并且为提升发展中国家在全球经济治理中的地位、发言权和代表性奠定了制度基础。但是，世界银行投票权改革进程非常缓慢，至今这一方案仍未得以落实。截至 2018 年年底，美国、日本、德国、英国和法国在国际复兴开发银行的投票权分别占 15.98%、6.89%、4.03%、3.78% 和 3.78%，均高于应该调整的方案值。[①]

投资贷款模式改革

世界银行的业务模式包括投资贷款和发展政策贷款两个方面。为了更好地满足借款国需求和适应全球环境的变化，2009 年 2 月，世界银行执行董事会审议通过投资贷款改革概念文件，由此启动了投资贷款模式的改革。

投资贷款或项目贷款是国际复兴开发银行和国际开发协会的主要贷款工具，占两机构贷款额的比重最大。《世界银行 2018 年度报告》显示，2014 财年国际复兴开发银行的贷款承诺额为 186.04 亿美元，其中投资贷款额为 106.07 亿美元，占贷款承诺额的比例为 57%；支付贷款额 187.61 亿美元，其中投资贷款额为 89.75 亿美元，占支付贷款额的比例为 48%；2018 财年国际复兴开发银行的贷款承诺额为 230.02 亿美元，五年内增加了 23.6%（见表 2—9）。

---

① The Corporate Secretariat, *International Bank for Reconstruction and Development Subscriptions and Voting Power of Member Countries*, January 17, 2019.

表 2—9　　　　　　　2014—2018 财年国际复兴开发银行财务情况

单位：百万美元

指标	2014 财年	2015 财年	2016 财年	2017 财年	2018 财年
贷款概况					
承诺额①	18604	23528	29729	22611	23002
总支付额②	18761	19012	22532	17861	17389
净支付额②	8948	9999	13197	8731	5638
财务报表数据					
收益表					
经理事会批准的转移和其他转移	−676	−715	−705	−497	−178
净收益/（亏损）	−978	−786	495	−237	698
资产负债表					
总资产	358883	343225	371260	405898	403056
投资组合净值	42708	45105	51760	71667	73492
未偿贷款净值	151978	155040	167643	177422	183588
借入组合	152643	158853	178231	207144	213652
可分配收益					
可分配收益	769	686	593	795	1161
一般储备金③	0	36	96	672	913
国际开发协会④	635	650	497	123	248
盈余	134	0	0	0	0
资本充足率					
可用股本⑤	40467	40195	39424	41720	43518
股本/贷款比率（%）⑥	25.7	25.1	22.7	22.8	22.9

注：①承诺包括了担保承诺和已经由世行执董会批准的担保基金。②数额包括与国际金融公司的交易和贷款启动费。③2018 年 6 月 30 日数据，反映了 2018 财年净收益中拟转入一般储备金的金额。该金额于 2018 年 8 月 9 日由执董会批准。④2018 年 8 月 9 日，执董会向 IBRD 理事会建议将 2.48 亿美元转入国际开发协会（IDA）。⑤可用股本包括可用的实缴资本和部分留存收益和储备金。⑥股本/贷款比率将 IBRD 的可用股本与当前贷款风险相比较，以评估资本充足率。目前的最低要求是 20%。

资料来源：《世界银行 2018 年度报告》。

投资贷款应用于国际复兴开发银行参与的所有部门，主要集中在基础设施、人类发展、农业和公共管理等部门。根据《世界银行2018年度报告》，2014财年国际复兴开发银行承诺贷款总额为186.04亿美元，其中用于公共管理的贷款额为41.62亿美元，占比为22.4%；用于交通的贷款额为40.89亿美元，占比为22.0%；用于能源和采掘业的贷款额为23.59亿美元，占比为12.7%。2018财年国际复兴开发银行的贷款结构较为均衡。在230.02亿美元的贷款承诺额中，用于工业、贸易与服务业的贷款额为34.16亿美元，占比为14.9%；用于能源与采掘业的贷款额为30.84亿美元，占比为13.4%；用于供水、卫生和废弃物管理的贷款额为26.10亿美元，占比为11.3%；用于农林渔业的贷款额为25.61亿美元，占比为11.1%（见表2—10）。投资贷款涉及资本密集型投资、改造和维护、服务提供、信贷和赠款（包括小额信贷）提供、社区主导型发展以及制度建设等多方面。

表2—10　　　　　　　　2014—2018财年IBRD按部门划分的贷款

承诺额　　　　　　　　　　　　单位：百万美元

部门	2014财年	2015财年	2016财年	2017财年	2018财年
农林渔业	829	843	561	754	2561
教育	1192	1496	1788	1074	1685
能源与采掘业	2359	3361	4599	4434	3084
金融业	1360	3433	2657	1879	764
医疗卫生	793	893	1181	1189	2204
工业、贸易与服务业	1106	1684	3348	2694	3416
信息与通信技术	262	90	194	503	324

续表

部门	2014 财年	2015 财年	2016 财年	2017 财年	2018 财年
公共管理	4162	3175	5111	4754	2189
社会保护	1006	2687	1393	778	2091
交通	4089	3202	4569	2551	2074
供水、卫生和废弃物管理	1447	2664	4192	2000	2610
总计	18604	23528	29729	22611	23002

注：由于四舍五入的原因，表中各项数据相当之和不一定等于总数。

资料来源：《世界银行 2018 年度报告》。

  在国际开发协会中，投资贷款占总贷款的比例更高。根据《世界银行 2018 年度报告》，2014 财年国际开发协会的贷款承诺额为 222.39 亿美元，其中投资贷款额为 197.50 亿美元，占贷款承诺额的比例为 89%；支付贷款额 134.32 亿美元，其中投资贷款额为 107.88 亿美元，占支付贷款额的比例为 80%。2018 财年国际开发协会的贷款承诺额为 240.10 亿美元，5 年内增长约 8.0%；可调配战略资本比率为 37.40%（见表 2—11）。

表 2—11　　　　　**2014—2018 财年国际开发协会财务情况**　　　单位：百万美元

指标	2014 财年	2015 财年	2016 财年	2017 财年	2018 财年
发展业务					
贷款、赠款和担保承诺额	22239	18966	16171	19513[①]	24010[②]
贷款和赠款总支付额	13432	12905	13191	12718[①]	14383
贷款和赠款净支付额	9878	8820	8806	8154	9290
资产负债表					
总资产	183445	178685	180475	197041	206330

续表

指标	2014 财年	2015 财年	2016 财年	2017 财年	2018 财年
净投资	28300	28418	29908	29673	33735
未偿贷款净额	132010	126760	132825	138351	145656
借款	0	2150	2906	3660	7305
总股本	153749	147149	154700	158476	163945
收益表					
扣除借款成本后的利息收入	1468	1435	1453	1521	1647
来自关联机构的转移和其他转移	881	993	990	599	203
发展赠款	−2645	−2319	−1232	−2577	−4969
净收益/（亏损）	−1612	−731	371	−2296	−5231
资本充足率					
可调配战略资本比率	n. a.	n. a.	n. a.	37. 20%	37. 40%

注："n. a."表示"不适用"。①数字包括流行病应急融资基金 5000 万美元赠款的承诺和支付金额。②数字不包括 IDA 2018 财产期间 IFC‐MIGA 私营部门窗口已经批准的 1. 85 亿美元，IDA 的暴露额度包括 3600 万美元担保和 900 万美元衍生产品。

资料来源：《世界银行 2018 年度报告》。

与商业贷款不同，世界银行对投资项目的支持不仅向借款国提供其所需融资，同时也可作为持续、手把手地传授全球知识以及提供技术援助的一种重要手段。投资贷款改革的核心内容包括：改进风险管理，为此需开发一个基于风险的模型，对拟议项目进行评价，同时也需为低风险项目采用简化准备程序；制定一系列合理化投资贷款方案，并将其合并为一种灵活的工具，此工具应能适用于迅速反应和紧急项目以及不同风险级别的项目，也能支持基于成果的融资；加强项目检查和实施支持；修改并简化指导投资贷款的政策框架；营造良好的改革环境，为此需统一激励机制，处理问责性问题，向项目组提供培训和支持，包括完善的信息技术。①

进展缓慢的治理改革

作为具有全球影响力的多边开发金融机构，世界银行在减轻贫困和提高生活水平方面发挥了重要作用。但一直以来，世界银行在促进世界尤其是发展中国家发展方面的功能和职责也备受批评。这突出表现在，世界银行对于帮助穷国脱困方面的效果仍不明显，富国更富却成为国际社会发展的一个事实，一些不发达国家甚至抱怨世界银行的存在加重了它们的贫困。② 这在很大程度上有违世界银行成立的初衷。

在机构治理上，世界银行存在的问题也十分明显，这主要表现在以下三个方面：一是作为一个官僚机构，世界银行的运行效率低下；二是美国在世界银行中拥有的垄断地位，例如美国对贷款设置附加条件、垄断行长职位等；三是发展中国家的话语权严重不足。③ 在当前的投票权改革中，进程十分缓慢并且没有改变世界银行由少数发达经济体主导的状况。美国是世界银行最大的股东和唯一拥有否决权的国家。世界银行实行份额与投票权挂钩的机制，美国在其中持有约16%的份额，而一些发展中国家特别是非洲大陆的一些国家由于经济实力的原因所拥有的席位非常少，这直接导致他们的声

---

① http：//www. worldbank. org.

② Cheryl Payer, The World Bank：A Critical Analysis, New York：Monthly Review Press，1982.

③ 李众敏、吴凌燕：《世界银行治理改革的问题与建议》，《中国市场》2012 年第 29 期。

音很难被听到。此外，世界银行的领导者不是直接选举产生的。世界银行的领导人一般由美国人担任，第三世界国家被排除在管理层之外。近年来，为了回应治理结构不合理的质疑，世界银行在投票权民主化方面的改革也迈出了新步伐并批准了份额和投票权改革方案，但美国国会曾多次拒绝为这一方案放行。由于世界银行在国际金融体系中的独特地位，通过加强对这一机构的控制成为美国主导国际金融体系的主要途径之一。

尽管世界银行的运行一直受到国际社会的批评，但世界银行从未进行过实质性的改革。世界银行曾经推进的几次改革与调整，也只是对严重脱离世界经济格局变化的现实、对国家之间权利与义务严重失衡的稍许修正。这既反映出世界银行改革面临各种既得利益的阻碍，也凸显了世界银行推进内部改革的动力明显不足。

◇ 第四节　亚洲开发银行的治理结构与战略调整

目标任务与业务领域

1966 年 11 月，亚洲开发银行（简称"亚开行"，ADB）正式成立，总部设在菲律宾首都马尼拉。作为一个区域性政府间金融开发机构，亚开行的成员主要来自亚洲。亚开行成立之初时仅有 31 个成员，截至 2018 年年底，成员数量增加至 67 个，其中 48 个来自亚洲和大洋洲地区，19 个来自其他地区。①

　　根据《亚洲开发银行成立协议》，亚开行的宗旨是促进亚洲和远东地区的经济增长和合作，并协助本地区的发展中成员集体和单独地加速经济发展的进程。为实现这一宗旨，亚开行的具体任务包括以下六个方面：一是促进为开发目的而在本地区进行的公私资本的投资；二是利用亚开行拥有的资金来源，为本地区的发展中成员的发展提供资金，优先照顾那些最有利于整个地区经济协调发展的本地区的、分区的以及国别的工程项目和计划，并应特别考虑本地区较小的或较不发达的成员的需要；三是满足本地区成员的要求，帮助它们进行发展政策和计划的协调，以便它们更好地利用自己的资源，更好地在经济上互为补充，并促进它们的对外贸易，特别是本地区内部贸易的逐步发展；四是为拟订、资助和执行发展项目和计划提供技术援助，包括编制具体项目的建议书；五是在成立协定规定的范围内，以亚行认为适当的方式，同联合国及其机构和附属机构（特别是亚洲及远东经济委员会）以及参与本地区开发基金投资的国际公共组织、其他国际机构和各国公私实体进行合作，并向上述机构和组织展示投资和援助的机会，吸引他们的兴趣；六是开展能实现亚开行宗旨的其他活动和其他服务。②

---

　　① 地区内成员包括：阿富汗、亚美尼亚、澳大利亚、阿塞拜疆、孟加拉国、不丹、文莱、柬埔寨、中国、库克群岛、斐济、格鲁吉亚、中国香港、印度、印度尼西亚、日本、哈萨克斯坦、基里巴斯、韩国、吉尔吉斯斯坦、老挝、马来西亚、马尔代夫、马绍尔群岛、密克罗尼西亚、蒙古国、缅甸、瑙鲁、尼泊尔、新西兰、巴基斯坦、帕劳、巴布亚新几内亚、菲律宾、萨摩亚、新加坡、所罗门群岛、斯里兰卡、中国台北、塔吉克斯坦、泰国、东帝汶、汤加、土库曼斯坦、图瓦卢、乌兹别克斯坦、瓦努阿图和越南；地区外成员包括：奥地利、比利时、加拿大、丹麦、芬兰、法国、德国、爱尔兰、意大利、卢森堡、荷兰、挪威、葡萄牙、西班牙、瑞典、瑞士、土耳其、英国、美国。

　　② 《亚洲开发银行成立协议》第一章第一条和第二条。

亚开行的业务分为普通业务与特别业务两种：普通业务是指亚开行普通资本进行的业务活动，特别业务是指各种特别基金进行的业务活动。亚开行的普通资本和特别基金分开保存、使用、贷出、投资或作其他处置，在财务报表中，普通业务和特别业务分别列出。特别业务的亏损或负债在任何情况下都不以普通资本来支付或清偿。

亚开行业务经营的对象较为广泛，可以向任何成员或其机构、所属单位或行政部门，或在成员的领土上营业的任何实体或企业，以及参与本地区经济发展的国际或区域性机构或企业，提供资金融通。亚开行的主要业务方式包括贷款、赠款、技术援助、股本投资、联合融资和担保等。其中，贷款有硬贷款和软贷款之分。硬贷款的期限为10—30 年，允许延长 2—7 年，实行浮动利率，每半年调整一次；软贷款为优惠贷款，通常无利息，贷款期限为 40 年，允许延长 10 年。赠款来自技术援助特别基金，主要用于技术援助。技术援助包括项目准备技术援助、项目执行援助、咨询技术援助和区域活动技术援助。股本投资业务面向私营部门，无须政府担保。联合融资业务旨在吸引多边、双边机构以及商业金融机构的资金投向合作项目，以弥补资金不足。① 自 1989 年起，亚开行还对参加联合融资和私营机构所提供的贷款提供担保服务。

亚开行提供资金主要领域包括农业和以农业为基础的工业、水陆空交通运输、通信、供水和卫生、城市发展、健康和人口、工业、能源、电力以及金融行业，促进发展中成员金融体系、银行体制和资本市场的管理、改革和开放。《亚开行 2017 年度报告》显示，2017 年亚开行批准融资超过 322.22 亿美元，其中约 203.00 亿美元来自普通

---

① 亚开行在中国开展的第一个联合融资项目为上海南浦大桥项目，亚开行提供 7000 万美元贷款，从商业渠道联合融资 4800 万美元。

资金和特别基金，约 119.22 亿美元通过联合融资筹集。在股本资金
与特别基金的流向上，交通、能源、水及其他城市基础设施和服务以
及公共部门管理四个部门的融资规模较大，分别为 39.912 亿美元、
27.881 亿美元、17.935 亿美元和 16.144 亿美元（见表 2—12）。

表 2—12　　　　　　　**2017 年亚开行股本资金与特别基金批准**

融资规模　　　　　　　单位：百万美元

部门	贷款[①]	捐赠	担保	股本投资	技术援助	合计
农业 、自然资源与农村发展	1396.3	35.6	—	—	20.7	1082.4
教育	545.1	43.0	—	—	8.3	815.1
能源	5555.6	54.0	498.3	133.6	20.1	2788.1
金融行业	2585.7	25.0	—	153.5	17.9	1119.7
健康	193.0	8.2	—	—	5.7	2.7
工业与贸易	521.8	10.0	—	—	10.7	468.1
公共部门管理	1390.3	44.3	—	—	46.1	1614.4
交通	4856.8	375.4	—	—	30.9	3991.2
水及其他城市基础设施和服务	1629.4	2.0	—	—	26.9	1793.5
跨部门	—	—	—	—	11.7	11.4
信息与通信技术	42.5	—	—	—	1.6	1.3
合计	18716.3	597.5	498.3	287.1	200.5	13687.7

注：由于四舍五入的原因，表中各项数据相当之和不一定等于总数；①包括根据会计准则在财
务报表中列入债务证券的 7492 万美元。

资料来源：*ADB Annual Report 2017*。

资金来源与股权分配

亚开行的贷款资金来自普通资本（OCR）和亚洲开发基金

（ADF）。普通资本是亚开行开展业务活动最主要的资金来源，它由股本、普通储备金、特别储备金、净收益、借款以及预交股本构成。

亚开行的每个成员都必须认缴股本，新加入成员的认缴股本数量由理事会决定。亚开行成立时，法定股本为10亿美元，分为10万股，每股面值1万美元。首批股本分为实缴股本和待缴股本，两者各占50%。实缴股本分五期交纳，每期支付20%。普通储备金来自部分净收益，特别储备金来自对贷款收取的佣金。净收益来自贷款利息和承诺费。借款来自国际金融市场，借款的方式包括在主要国际资本市场上以发行债券，向有关国家的政府、中央银行及其他金融机构直接安排债券销售，直接从商业银行贷款等。预交股本为法定认缴日期之前认缴的股本。

日本和美国是亚开行最大的出资者，也是拥有投票权份额最大的成员。《亚开行2017年度账务报告》显示，截至2017年年底，亚开行认缴资本（普通资本金）为1511.693亿美元，其中实缴资本为75.787亿美元（包括16亿美元承诺但尚未支付资本）和通知即缴资本1435.906亿美元。[①] 截至2017年年底，日本和美国认缴股本占亚开行总股本的份额均为15.607%，投票权份额均为12.784%；中国的认缴股本居第三位，占总股本的8.078%（见表2—13）。[②]

表2—13 　　　　　　　　2017年亚开行主要成员股权与投票权份额

成员	加入年份	认缴资本金份额（%）	投票权份额（%）
地区内成员	—	63.533	65.155

---

① ADB, Asian Development Bank Financial Report 2017: Management's Discussion and Analysis and Annual Financial Statements, December 31, 2017.

② 其中，中国大陆为6.444%，中国香港为0.545%，中国台北为1.089%。

续表

成员	加入年份	认缴资本金份额（%）	投票权份额（%）
日本	1966	15.607	12.784
中国大陆	1986	6.444	5.454
印度	1966	6.331	5.363
澳大利亚	1966	5.786	4.928
印度尼西亚	1966	5.446	4.655
韩国	1966	5.038	4.329
马来西亚	1966	2.723	2.477
菲律宾	1966	2.383	2.205
巴基斯坦	1966	2.178	2.041
新西兰	1966	1.536	1.527
泰国	1966	1.362	1.388
中国台北	1966	1.089	1.170
孟加拉国	1973	1.021	1.115
地区外成员	—	36.467	34.845
美国	1966	15.607	12.784
加拿大	1966	5.231	4.483
德国	1966	4.326	3.759
法国	1970	2.328	2.161
英国	1966	2.042	1.932
意大利	1966	1.807	1.744
荷兰	1966	1.026	1.119

资料来源：*Asian Development Bank Financial Report 2017*。

　　1974 年 6 月，亚洲开发基金正式建立，基金主要是来自亚开行发达成员或地区成员的捐赠，普通资本收入转移、放贷和投资的留存收益等。亚洲开发基金是一种每四年补充一次的捐赠基金，它向收入水平更低的国家提供期限长、利率低的优惠贷款以及捐赠。截至 2014 年年底，亚洲开发基金股本为 315 亿美元，而未偿贷款为 275 亿美元。2014 年，使用亚洲开发基金资金最多的国家依次为巴基斯坦、孟加拉国、越南、尼泊尔和柬埔寨。

根据《亚洲开发银行成立协议》，亚开行特别基金的资金来源包括：（1）从实缴股本中拨出给某项特别基金的资金或本来就是捐给特别基金的资金；（2）亚开行接受的增添在任何特别基金的资金；（3）用特别基金发放或担保贷款所收回的资金，如这种资金根据亚开行管理该特别基金的规章应由该特别基金接受；（4）亚开行使用上述任何资金来源或资金经营业务所获得的收入，如果根据亚开行管理有关特别基金的规章，这种收入应属于该特别基金；（5）任何可供特别基金使用的其他资金来源。[①] 1967 年，亚开行成立技术援助特别基金，以帮助提高发展中成员的人力资源素质和加强执行机构的建设。该项基金的来源为赠款以及 1986 年亚洲开发基金 7200 万美元的拨款。1988 年，亚开行成立日本特别基金，由日本政府出资，以资助亚开行成员公私部门的开发项目以及公共部门的技术援助贷款项目等。2000 年，亚开行决定成立日本扶贫基金，由日本向亚开行捐款 100 亿日元，用于资助亚开行发展中成员的扶贫项目。

此外，亚开行还通过联合融资筹集资金。亚开行的联合融资伙伴主要为官方机构，也包括商业金融机构和出口信贷机构。《亚开行 2017 年度报告》显示，2017 年亚开行联合融资资金使用规模为 119.22 亿美元，其中贷款、股权、风险转移和商业联合融资为 113.39 亿美元，捐赠为 4.75 亿美元，技术援助 1.09 亿美元。

---

① 参见《亚洲开发银行成立协议》第三章第二十条。

机构设置与职能

亚开行的组织机构主要有理事会、董事会、管理层、代表处和办事处以及普通职员（见表2—14）。理事会由所有成员代表组成，它是亚开行最高权力和决策机构，负责接纳新成员、改变注册资本、选举董事和行长以及修改章程等。理事会可将其权力授予董事会，但以下权力除外：接纳新成员和确定接纳条件；增加或减少核定股本；中止成员资格；对董事会解释或实施有关上诉做出决定；批准与其他国际组织缔结合作总协定；选举董事和行长；决定董事、副董事的酬金和行长服务合同内所定的薪金及其他条款；在审查审计员的报告后，批准总资产负债表和损益报告书；决定储备金以及纯收益的分配；修改成立协定；决定停业和分配资产；行使明确规定属于理事会的其他权力等。理事会通常每年举行一次会议，由亚开行各成员派1名理事参加。

表2—14　　　　　　　　亚开行的组织与管理机构设置

组织和管理机构	构成	主要职责
理事会	各成员财长或中央银行行长组成，每个成员拥有正、副理事各1名	接纳新成员、改变注册资本、选举董事和行长、修改章程等
董事会	董事和副董事各12名，来自12个选区，其中日本、美国和中国为单独选区	监督管理财务报告、核准管理预算、复核并批准所有的政策文件和全部贷款、股权和技术援助项目
管理层	行长、6名副行长和1名管理总干事	负责管理日常工作
代表处和办事处	27个驻地代表处和3个办事处	负责驻在国或地区的业务工作，协助总部工作

资料来源：笔者根据亚洲开发银行相关资料整理。

董事会负责指导亚开行的一般业务经营，尤其是负责以下事项：理事会的准备工作；根据理事会的总方针，就有关贷款、担保、股票投资、亚行借款、提供技术援助及亚行其他业务做出决定；在每届理事会年会上，提请理事会批准财政年度报告；批准亚行预算等。董事会由 12 个董事和 12 个副董事组成。亚开行的 67 个成员分成 12 个选区各派出 1 名董事和 1 名副董事，其中日本、美国和中国三大股东国是单独选取区，各自派出自己的董事和副董事。其他成员组成 9 个多国选区，根据股份大小分别派出或轮流派出董事和副董事。亚开行的 8 名董事由亚太地区的成员体选举产生，另外 4 名由亚太地区以外的成员体选举产生。董事会定期主持召开正式会议和执行会议。

亚开行行长即董事会主席，由理事会选举产生，任期五年，可连任。行长负责主持董事会，并在董事会的领导下管理亚行的日常工作，根据董事会制定的规章制度组织、任命和解雇官员和职员，同时行长还是亚行的法定代理人。以行长为首的管理层包括 6 名副行长和 1 名管理总干事，负责监督管理亚行业务部门、行政部门和知识部门的工作。自从亚开行成立以来，行长职位长期由日本人担任（见表 2—15）。

表 2—15 亚开行历任行长

届别	起止年份	行长	曾任职位
第一届	1966—1972 年	渡边武	日本大藏省财务官，日本驻美公使，IMF 理事
第二届	1972—1976 年	井上四郎	日本银行执董
第三届	1976—1981 年	吉田太郎	日本大藏省主管国际金融的次官
第四届	1981—1989 年	藤冈真佐夫	日本大藏省国际金融局职员，日本进出口银行执董

续表

届别	起止年份	行长	曾任职位
第五届	1989—1993 年	垂水公正	日本大藏省高级顾问，日本关税总局局长和日本开发银行执董
第六届	1993—1999 年	佐藤光夫	日本安全局主任、国际金融局执董，日本政策银行执董
第七届	1999—2005 年	千野忠男	日本大藏省财务官、国际金融局局长，野村综合研究所顾问
第八届	2005—2013 年	黑田东彦	日本内阁官房参与、财务省财务官、大藏省国际金融局局长
第九届	2013 年—	中尾武彦	日本财务省国际局局长，日本驻美公使，IMF 经济学家和顾问

资料来源：笔者根据亚洲开发银行相关资料整理。

亚开行还设立了若干分管具体工作的部门、办公室和代表机构。在亚开行总部，主要部门和办公室包括预算、人事和管理系统局等 22 个职能业务部门和中西亚局、东亚局、太平洋局、南亚局和东南亚局等五个区域业务部门，分管各自领域的业务（见表 2—16）。此外，亚开行还在 27 个国家和地区设立了常驻代表团，在东京、华盛顿、法兰克福设立代表处，协助总部工作。①

---

① 亚开行有 27 个驻地代表处，包括驻阿富汗、亚美尼亚、阿塞拜疆、孟加拉国、柬埔寨、印度、印度尼西亚、格鲁吉亚、哈萨克斯坦、吉尔吉斯斯坦、老挝、蒙古国、缅甸、尼泊尔、巴基斯坦、巴布亚新几内亚、菲律宾、中国、塔吉克斯坦、泰国、土库曼斯坦、斯里兰卡、乌兹别克斯坦、越南代表处以及驻东帝汶特别代表处、太平洋联络和协调处、南太平洋次区域代表处；在东京、法兰克福和华盛顿特区设有日本办事处、欧洲办事处和北美办事处。

表 2—16　　　　　　　　　　　亚开行管理部门和办公室设置

序号	管理部门	主要职责
1	预算、人事和管理系统局	为预算、员工职位管理、人力资源管理、员工发展、员工福利和报酬提供建议和服务
2	主计局	贯彻会计政策，维护会计系统，准备财务报告，授权处理贷款，技术援助、赠款、支付及其他付款工作
3	对外关系局	领导对内对外的交流工作，提供资源，并制定战略
4	经济研究和区域合作局	负责进行缜密的数据分析、数据库开发和管理
5	独立评估局	帮助持续提高发展绩效，并加强其对利益相关方的责任
6	总审计师办公室	对财务、行政和信息系统进行审计，协助外部审计机构，与其他国际组织进行协调和反腐败
7	反腐和廉政办公室	处理涉及与资助活动或员工相关的欺诈和腐败方面的申诉
8	行政服务办公室	提供行政支持，以帮助管理层和员工提高工作绩效
9	联合融资业务办公室	作为主联络机构负责规划、推广和安排项目的联合融资业务
10	合规审查委员会办公室	为独立合规审查委员会提供支持
11	法律总顾问办公室	处理在业务和活动中的一切法律问题，包括提供法律建议
12	信息系统和技术办公室	管理自动化信息系统和电信服务
13	咨询员办公室	探讨和解决员工与工作相关的问题及议题
14	公私合作伙伴办公室	负责协调和支持公私合作业务，并为发展中成员提供交易咨询服务
15	风险管理办公室	负责进行政策、系统和业务的风险管理；信用风险评估；信用项目管理监测；企业追索和市场及资金风险
16	秘书长办公室	为理事会、董事会和管理层提供建议和法律咨询服务
17	特别项目协调人办公室	回复项目受影响人提出的问题

续表

序号	管理部门	主要职责
18	业务服务和财务管理局	规划、监控、协调项目处理和管理工作项目、采购审核及咨询顾问招聘
19	私营部门业务局	对具有明确发展影响的私营部门项目提供直接支持
20	战略和政策局	进行战略规划，政策和业务协调，并维护与其他国际开发机构关系等
21	可持续发展和气候变化局	提供领导、创新、知识共享和专题工作
22	资金局	负责为业务和规划募集资金，并管理资金

注：除表中所列，亚开行还包括五个区域局，即中西亚局、东亚局、太平洋局、南亚局和东南亚局。

资料来源：笔者根据亚洲开发银行相关资料整理。

战略调整及其效果

21 世纪以来，亚太地区经济快速增长，发展、援助与金融格局发生重大变化，同时还面临诸多挑战，例如贫困人口众多，发展中成员内部和相互之间的贫富扩大，人口数量增长和人口老龄化，经济快速增长造成环境破坏和资源枯竭等问题，基础设施欠缺，区域合作和一体化不够深入以及各次区域的合作和一体化进程不均衡，亚洲金融系统未能有效调动该地区的储蓄来满足其日益增长的资金需求，发展中成员对创新、技术进步和高等教育重视不够，公共机构薄弱的治理能力和较低的透明度等。为此，2008 年亚开行宣布一项新的长期战略，以取代此前发布的《2001—2015 年长期战略框架》。[1] 2008 年制定的《2020 战略：亚洲开发银行 2008—2020 年长期战略框架》（简称《2020 战略》）规划了至 2020 年亚开行工作与发展愿景，通过协助发展中成员减少贫困、改善生活条件和提高生活质量来构建一个"没有贫困的亚太地区"。[2]

为了实现这一愿景，亚开行重点推进共享式经济增长、环境可持续发展和区域一体化三个相辅相成的战略议程。与此同时，亚开行将促进私营部门发展、鼓励良治和加强能力建设、支持性别平等、帮助发展中国家获取知识以及扩展与其他开发机构、私营部门以及社区组织的合作伙伴关系作为五大变革驱动因素，以更好地调动包括本地区储蓄和外部资金在内的各种资源，同时在不断变化的援助格局下最大限度地实现其独有的地区经验和比较优势所能带来的效益。为此，亚开行将其业务重新划分为以下五大核心领域：基础设施、环境（含气候变化）、区域合作和一体化、金融部门发展以及教育。此外，亚开行还将选择性地支持医疗卫生、农业、救灾和紧急救援等其他业务领域。

根据《2020 战略》，亚开行的业务和机构目标包括：80% 的业务在 2012 年转移到新的核心业务领域；在所有业务领域推动私营部门发展，扩大私营部门业务，使之到 2020 年达到年度业务量的 50%；加大对环境可持续发展的支持力度，包括对二氧化碳减排和气候变化应对项目的支持；在地区和次区域层面逐步增加公私部门合作业务，

---

① 亚洲开发银行：《推进减贫议程：亚洲开发银行长期战略框架（2001 年—2015 年）》，2001 年。

② 亚洲开发银行：《2020 战略：亚洲开发银行 2008—2020 年长期战略框架》，2008 年。

使之到 2020 年不低于总业务量的 30%。在这一战略框架下，亚开行还将进行机构改革，促使亚行的人力资源技能组合优化，调整组织架构以顺应新增产品和服务的要求。亚开行转变业务路线、调整机构职能将遵循以下原则：响应所有成员的特定发展需求；承认国家主导权，让合作伙伴国家更有效地领导政策、战略和行动的实施；在项目规划和与利益相关方的关系中坚持亚开行的最高职业和道德标准；通过促进信息和知识共享以及促成应对本地区共同问题的联合行动，提供杰出的领导和服务；在项目规划和实施过程中以及在为本地区发展动员资源的工作中，努力与国际社会的成员建立合作伙伴关系；制定明确目标，并安排相应工作和资源来实现这些目标，进而以结果为中心，依据结果问责。[①]

对于亚开行的战略调整与变革，时任亚开行行长黑田东彦认为，《2020 年战略》重新塑造、指导并定位了亚开行，有利于亚开行在飞速变化的地区环境和国际援助框架内发挥更富创新性和成效性的开发作用。

2013 年 5 月，亚开行理事会年会公布了《2020 战略》的中期检查结果。2008 年至 2012 年，亚开行围绕包容性经济增长、环境可持续增长和区域一体化三大战略议程，将超过 80% 的业务集中在《2020 战略》的五大核心领域，基础设施业务成为实现三大战略议程做贡献的主要渠道，但基础设施方面仍然有较大缺陷，同时非基础设施的业务量仍然有限。在《2020 战略》实施期间，亚开行完成项目的成功率有所提高，但仍低于预定目标，并且亚开行的机构效率仍需提高，其中包括员工技能和业务流程。为此，亚开行确定了 2014—

---

① 亚洲开发银行：《2020 战略：亚洲开发银行 2008—2020 年长期战略框架》，2008 年，第 22 页。

2020 年十大战略优先发展领域，包括消除贫困和包容性经济增长、环境和气候变化、区域合作和一体化、基础设施建设、中等收入国家、私营部门发展与业务、知识解决方案、金融资源和伙伴关系、提高效率和改革业务流程以及增强机构的活力、灵活度和创新能力等。[①]

2018 年 7 月，亚开行发布了《2030 战略：繁荣、包容、有适应力、可持续的亚洲及太平洋地区》，致力于实现繁荣、包容、有适应力和可持续的亚太地区，同时坚持消除极端贫困，并将重点关注以下七大业务领域：一是解决剩余贫困问题并减少不平等；二是应对气候变化、增强气候和灾害适应能力、提高环境可持续性；三是推动农村发展，促进粮食安全；四是促进区域合作与一体化；五是加快推进性别平等；六是让城市更宜居；七是加强治理和机构能力建设。此外，亚开行还将重点关注扩大私营部门业务、促成和调动金融资源以及加强知识服务等领域。[②]

当前，亚太地区仍然面临贫困、收入和机会不平等、环境危机、气候变化、人口老龄化、青年就业等方面的巨大挑战。数据显示，截至 2016 年，亚太地区有 1/3 人口日均生活费低于 3.20 美元，很容易受到失业、疾病、长期经济衰退、通货膨胀、作物歉收和环境危害的影响。仅从基础设施建设来看，亚开行拥有投资基础设施建设的功能，但其涉及领域较为狭窄，主要任务是社会事业、扶贫开发，并且受资本金规模的限制，可用资金相对有限，年贷款规模仅为 100 亿美元左右，无法满足亚洲地区巨大的基础设施建设需求。根据亚行测

---

① 亚洲开发银行：《〈2020 战略〉中期检查：应对亚太地区变革中的挑战》，2014 年 4 月。

② ADB, *Strategy 2030：Achieving a Prosperous, Inclusive, Resilient, and Sustainable Asia and the Pacific*, July 2018.

算，2016—2030 年，每年需要投入 1.7 万亿美元才能填补该地区的基础设施投资缺口。① 在亚洲地区建立新的基础设施融资机制也因此显得尤为必要。

① ADB, *Strategy 2030*：*Achieving a Prosperous*，*Inclusive*，*Resilient*，*and Sustainable Asia and the Pacific*，July 2018.

第 三 章

创建进程:亚投行的筹建与运营

◇ 第一节 成立倡议与筹建进程

中方倡议

亚洲幅员辽阔、人口众多、拥有广阔的市场,是当今世界最具经济活力和增长潜力的地区之一。对多数亚洲地区成员来说,铁路、公路、桥梁、港口、机场和通信等基础建设滞后严重制约了经济和社会发展,而基础设施建设滞后则主要缘于基础设施投资的严重不足。据亚开行估计,在 2010—2020 年的 10 年间,亚洲基础设施建设需要 8 万亿美元至 10 万亿美元的投资规模,其中用于新增基础设施的投资约占七成,维护或维修现有基础设施的资金需求约占三成。从现实来看,满足这一投资需求的缺口还很大,现有的多边机构能够贡献的资金量非常有限。亚洲开发银行和世界银行每年能够提供给亚洲国家的资金仅约为 200 亿美元,用于基础设施建设的资金规模则更小。并且由于基础设施投资的资金需求量大、实施的周期长、收益存在很大的不确定性,私人部门用于基础设施建设项目的投资规模也相对较小。

与此同时，一些亚洲国家的过剩储蓄未得到充分利用，资金优势未得到充分发挥。亚洲经济体之间难以利用各自所具备的高额资本存量优势，主要原因之一在于缺乏将资本转化为基础设施建设投资的有效多边合作机制。

作为亚洲最大的经济体以及世界最大的发展中经济体，中国在资金和技术方面有自己的优势，但也存在同样的需求。商务部数据显示，2014 年中国境内投资者共对全球 156 个国家和地区的 6128 家境外企业进行了直接投资，实现非金融类对外直接投资 6320.5 亿元人民币（合 1028.9 亿美元），同比增长 14.1%。同时，中国在基础设施装备制造方面已形成完整的产业链，在公路、桥梁、隧道、铁路建造工程方面居领先水平。但当前中国仍存在突出的发展不平衡、不协调、不可持续问题，城乡、区域发展差距和居民收入差距较大，部分区域的基础设施建设还很落后，还面临较多的资源环境约束。这一方面需要在相当长的一段时间内实现经济发展方式的转变和经济结构的调整，也需要加大对这些部门和领域的投入。

为此，中国开始谋划倡议在亚洲建立一个通过合理、有效利用资金来满足投资需求的金融中介系统，以解决基础设施建设资金不足以及资金融通困难等问题。2013 年 10 月 2—8 日，中国国家主席习近平对印度尼西亚和马来西亚进行国事访问，并出席在印度尼西亚巴厘岛举行的亚太经合组织（APEC）第二十一次领导人非正式会议。印度尼西亚是东南亚最大的经济体，二十国集团成员，在亚洲乃至全球事务中拥有重要的影响力。在访问印度尼西亚期间，习近平在雅加达同印度尼西亚总统苏西洛举行会谈，并提出筹建亚洲基础设施投资银行倡议，以促进本地区互联互通建设和经济一体化进程，向包括东盟国家在内的本地区发展中国家基础设施建设提供资金支持。在访问东南亚国家期间，习近平主席还提出共建"21世纪海上丝绸之路"倡议，与同年9月在出访中亚期间提出的"丝绸之路经济带"倡议相互呼应。2013年10月9—15日，中国国务院总理李克强出席在文莱斯里巴加湾市举行的第16次中国—东盟（"10+1"）领导人会议、第16次东盟与中日韩（"10+3"）领导人会议和第八届东亚峰会，并对文莱、泰国、越南进行正式访问。访问期间，李克强总理再次向东南亚国家提出筹建亚投行的倡议。

中国倡导建立的亚投行从资金融通层面为"一带一路"建设提供了重要支撑，能够为区域经济社会发展发挥重要的推动作用，是对现有多边开发性机构的有益补充。首先，亚投行将为引导亚洲地区高储蓄率国家的存款流向基础设施建设、加强公共部门与私人部门合作提供平台，通过实现亚洲地区内外资本的有效配置和整合，有效弥补亚洲地区基础设施建设的资金缺口，从而为推进亚洲区域经济一体化建设提供持续动力。其次，亚投行能够通过制定长远的发展规则，利用各种投融资手段，有针对性地扫除制约亚洲基础设施互联互通的各种主要障碍，并通过向各国企业和相关机构从事基础设施建设提供优惠贷款，降低它们的运营成本，从而在一定程度上破解基础设施建设融资难的问题。最后，亚投行可以弥补世界银行和亚开行在亚洲区域内投资重点局限、资金不足及侧重于社会事业、扶贫开发的不足，降低投融资成本，通过筹措建设方面资金并主要投向基础设施领域，为亚洲经济社会发展提供强有力的资金支持。同时，亚投行还能够促进形成亚洲区域多边开发性机构的竞争格局，从而提升各机构的运行效率和投融资质量。此外，亚投行还可以通过利用中国在基础设施建设方面的优势，推进中国带动的亚洲互联互通网络建设，分享中国发展经验与成就。

多边磋商

自中国国家主席习近平于 2013 年访问东南亚时提出筹建亚投行倡议后，许多国家反响积极，亚投行筹建工作随之正式启动。为了确定亚投行的初步架构和筹建计划，各有意愿成员之间召开了五次多边磋商会议以及一次部长级工作晚餐会（见表3—1）。通过多边与双边磋商相结合的方式，亚投行筹建进程得到了诸多域内和域外国家积极响应和广泛参与。

表3—1 筹建亚投行多边磋商会议

届次	时间	地点	成员数	主要进展
第一次	2014 年 1 月 24 日	北京	14	讨论了筹建亚投行的框架方案
第二次	2014 年 3 月 28 日	北京	15	讨论了《筹建亚投行备忘录》的框架内容
第三次	2014 年 6 月 10 日	上海	22	讨论了《筹建亚投行备忘录》的核心内容，包括亚投行的宗旨、业务重点、资本金规模、治理结构等
第四次	2014 年 8 月 7 日	北京	20	讨论了股权分配等关键要素，并就《筹建亚投行备忘录》草案终稿达成原则共识
第五次	2014 年 9 月 27 日	北京	21	确认了亚投行筹建的核心问题，并就《筹建亚投行备忘录》草案终稿达成共识

资料来源：中华人民共和国财政部。

2014 年 1 月 24 日，中国与 10 多个有兴趣的亚洲国家在北京举行了筹建亚投行第一次多边磋商会议，就筹建亚投行的框架方案交换了意见。会议期间，参与磋商的各方代表对中国倡建筹建亚投行表示赞赏，一些与会国家明确表示愿作为意向创始成员参与亚投行筹建多边磋商。与此同时，中国还与一些国家进行了双边磋商。磋商会议的举行加强了各方立场的交流与沟通，为筹建工作的顺利推进奠定了基础。

2014年3月28日，筹建亚投行第二次多边磋商会议在北京举行，来自亚洲地区15个国家的代表出席了会议，并讨论了《关于筹建亚投行的政府间框架协议备忘录》（简称《筹建亚投行备忘录》）的框架内容。此后，各方代表开始就《筹建亚投行备忘录》的核心内容进行磋商。

2014年5月2日，筹建亚投行部长级工作晚餐会在哈萨克斯坦首都阿斯塔纳举行，来自中国、东盟、哈萨克斯坦、韩国、蒙古国、巴基斯坦、斯里兰卡等亚洲地区16个国家与地区组织的部长级代表出席晚餐会，中国财政部部长楼继伟主持晚餐会。各方代表借此机会，对筹建亚投行事宜进行了自由讨论。

2014年6月10日，筹建亚投行第三次多边磋商会议在上海举行，来自22个亚洲国家的代表出席了会议，正式磋商《筹建亚投行备忘录》的核心内容，包括亚投行的宗旨、业务重点、资本金规模、治理结构等核心问题，并达成很多共识。各方代表认同亚投行的基本宗旨是通过支持亚洲国家基础设施和其他生产性领域的投资，促进亚洲地区经济发展和区域经济合作，并同意亚投行应有足够的资本金支持本地区的基础设施建设，一些国家进一步明确表达了参与意愿。

2014年8月7—8日，筹建亚投行第四次多边磋商会议在北京举行，20个亚投行意向创始成员派代表团参会。经过磋商，各方代表就《筹建亚投行备忘录》草案终稿达成了原则共识，并就创始成员关心的亚投行关键要素，包括股权分配等深入交换了意见。此后，中方于9月5日在北京举行了筹建亚投行多边信息通报会，一些希望了解亚投行筹建进展的相关亚洲国家派代表参会。会议向各方通报了亚投行筹建进展情况和下一步工作计划，并促请相关国家尽早就加入亚投行做出决定。

2014年9月27日，筹建亚投行第五次多边磋商会议在北京举行，21个有意愿成为亚投行创始成员的亚洲国家派代表团参会。经过磋商，各方代表就《筹建亚投行备忘录》草案终稿达成了最终共识，并就创始成员关心的亚投行筹建有关问题交换了意见，确定了一些核心要素。根据筹建程序，参加此次磋商会的亚投行意向创始成员将在通过国内审批程序后将正式签署《筹建亚投行备忘录》，并尽快商签亚投行章程，推动亚投行成立并投入运营。

签署备忘录

在中方提出筹建亚投行倡议后，首先得到了很多亚洲国家的响应。2014年10月24日，中国、孟加拉国、文莱、柬埔寨、印度、哈萨克斯坦、科威特、老挝、马来西亚、蒙古国、缅甸、尼泊尔、阿曼、巴基斯坦、菲律宾、卡塔尔、新加坡、斯里兰卡、泰国、乌兹别克斯坦和越南等21国在北京正式签署《筹建亚投行备忘录》，共同决定成立亚洲基础设施投资银行，21国也由此成为亚投行首批意向创始成员。

根据《筹建亚投行备忘录》，亚投行将是一个政府间性质的亚洲区域多边开发机构，按照多边开发银行的模式和原则运营，重点支持基础设施建设，其总部将设在北京。亚投行的法定资本为1000亿美元，初始认缴资本目标为500亿美元左右，实缴资本为认缴资本的

20%。同时，各意向创始成员同意将以国内生产总值衡量的经济权重作为各国股份分配的基础。

《筹建亚投行备忘录》的签署标志着中国关于设立亚洲区域新多边开发机构的倡议得到了落实，对亚投行的筹建来说，也具有里程碑意义，它意味着亚行进入正式筹建工作阶段。在备忘录签署后，意向创始成员启动了章程谈判和磋商。在此过程中，亚投行遵循开放包容的原则，不断吸引其他感兴趣的国家和经济体加入筹建进程。

谈判代表会议

在 21 个国家签署《筹建亚投行备忘录》后，各意向创始成员正式启动了《亚洲基础设施投资银行协定》（以下简称《亚投行协定》）的谈判。在 2014 年 11 月至 2015 年 5 月期间，各方共举行了五次筹建亚投行谈判代表会议（CNMs），对亚投行的机构设置和治理结构等问题进行了深入讨论和交流，逐步推进亚投行协定的起草和完善，并达成最后共识（见表 3—2）。

表 3—2 　　　　　　　　筹建亚投行谈判代表会议进展

届次	时间	地点	成员数	主要内容与进展
第一次	2014 年 11 月 28 日	中国昆明	22	讨论了亚投行首席谈判代表会议的议事规则和工作计划、亚投行筹建多边临时秘书处的组建方案、工作程序等事项
第二次	2015 年 1 月 15—16 日	印度孟买	26	首次审议了多边临时秘书处首席律师起草的《亚投行协定（草案）》，决定有意愿作为创始成员加入的国家提出申请的截止日期

续表

届次	时间	地点	成员数	主要内容与进展
第三次	2015 年 3 月 30—31 日	哈萨克斯坦阿拉木图	29	讨论了多边临时秘书处起草的《亚投行协定（草案）》修订稿，探讨了治理结构、环境和社会框架、采购政策等问题
第四次	2015 年 4 月 27—28 日	中国北京	55	讨论了多边临时秘书处起草的《亚投行章程（草案）》修订稿，并计划于 2015 年年中完成终稿，之后经成员签署和批准生效
第五次	2015 年 5 月 20—22 日	新加坡	57	各国代表就《亚投行协定》文本达成一致，并商定于 2015 年 6 月底在北京举行《亚投行章程》签署仪式；还讨论了亚投行有关环境与社会保障框架、采购等政策文件

资料来源：中华人民共和国财政部。

2014 年 11 月 28 日，筹建亚投行首次谈判代表会议在云南昆明举行。中国财政部副部长史耀斌主持此次会议，22 个亚投行意向创始成员的谈判代表和亚投行多边临时秘书处秘书长金立群出席会议。会议着重讨论了筹建亚投行谈判代表会议的议事规则和工作计划、亚投行多边临时秘书处的组建方案、工作程序等事项，并为正式启动亚投行协定谈判做准备。会议还商定了接纳新意向创始成员的程序和规则。①

2015 年 1 月 15—16 日，筹建亚投行第二次谈判代表会议在印度孟买举行。筹建亚投行谈判代表会议常设主席、中国财政部副部长史耀斌和会议联合主席、印度财政部部长助理沙玛（Dinesh Sharma）共同主持此次会议，26 个亚投行意向创始成员的谈判代表和亚投行多

---

① 中华人民共和国财政部国际财金合作司：《筹建亚洲基础设施投资银行首次谈判代表会议在昆明举行》，2014 年 11 月 28 日。

边临时秘书处秘书长金立群出席会议。其中，马尔代夫、新西兰、沙特阿拉伯和塔吉克斯坦经现有意向创始成员同意，正式成为亚投行意向创始成员并首次参加筹建亚投行谈判代表会议。会议首次审议多边临时秘书处首席律师起草的《亚投行协定（草案）》，并计划于 2015 年年中商定亚投行协定终稿。此外，金立群秘书长还向会议报告了多边临时秘书处建设及亚投行筹建进展情况。①

2015 年 3 月 30—31 日，筹建亚投行第三次谈判代表会议在哈萨克斯坦阿拉木图举行。会议由筹建亚投行谈判代表会议常设主席、中国财政部副部长史耀斌和会议联合主席、哈萨克斯坦国民经济部部长艾博拉特·杜萨耶夫共同主持，29 个亚投行意向创始成员谈判代表和亚投行多边临时秘书处秘书长金立群出席会议，香港特别行政区派员作为中国政府代表团成员参加了会议。会议欢迎约旦、卢森堡、英国、瑞士 4 个国家成为亚投行新的意向创始成员，就多边临时秘书处起草的《亚投行协定（草案）》修订稿进行了深入和富有成效的讨论。金立群向会议报告了亚投行筹建工作进展情况。会前，多边临时秘书处举行了研讨会，就治理结构、环境和社会框架、采购政策等问题向各方做了专题汇报。根据亚投行筹建工作计划，各方计划于 2015 年年中商定亚投行协定终稿并签署，之后经成员批准生效，在 2015 年年底前正式成立亚投行。②

2015 年 4 月 27—28 日，筹建亚投行第四次谈判代表会议在北京举行。筹建亚投行谈判代表会议常设主席、中国财政部副部长史耀斌主持此次会议，55 个亚投行意向创始成员谈判代表和亚投行多边临

---

① 中华人民共和国财政部国际财金合作司：《筹建亚洲基础设施投资银行第二次谈判代表会议在印度举行》，2015 年 1 月 20 日。

② 中华人民共和国财政部国际财金合作司：《筹建亚投行第三次谈判代表会议在哈萨克斯坦举行》，2015 年 3 月 31 日。

时秘书处秘书长金立群出席会议，香港特别行政区派员作为中国政府代表团成员也参加了此次会议。① 此次会议新增了来自德国、意大利、法国、伊朗、阿联酋、马耳他、吉尔吉斯斯坦、土耳其、西班牙、韩国、奥地利、荷兰、巴西、芬兰、格鲁吉亚、丹麦、澳大利亚、埃及、挪威、俄罗斯、瑞典、以色列、南非、阿塞拜疆、冰岛、葡萄牙和波兰等 27 个新的意向创始成员的谈判代表。会议就多边临时秘书处起草的《亚投行协定（草案）》修订稿进行了深入和富有成效的讨论并取得显著进展。金立群秘书长向会议报告了亚投行筹建工作进展情况。此次谈判会议进展顺利，各方再次确认计划于 2015 年年中商定亚投行协定终稿，并于年底前正式成立亚投行。②

　　2015 年 5 月 20—22 日，筹建亚投行第五次谈判代表会议在新加坡举行。筹建亚投行谈判代表会议常设主席、中国财政部副部长史耀斌与新加坡财政部副常秘余秉义共同主持此次会议，57 个亚投行意向创始成员谈判代表和亚投行多边临时秘书处秘书长金立群出席会议，香港特别行政区派员作为中国政府代表团成员也参加了此次会议。经过三天的谈判，各方谈判代表最终就《亚投行协定》文本达成一致，并商定将于次月底在北京举行《亚投行协定》签署仪式。会议还就亚投行有关环境与社会保障框架、采购等政策文件进行了讨论。此外，金立群秘书长还向会议报告了亚投行筹建工作进展情况。③ 至此，筹建亚投行谈判代表会议圆满结束，并实现预定目标，大大推进

---

① 孟加拉国和尼泊尔谈判代表因故缺席。

② 中华人民共和国财政部国际财金合作司：《筹建亚投行第四次谈判代表会议在北京举行》，2015 年 4 月 28 日。

③ 中华人民共和国财政部国际财金合作司：《筹建亚投行第五次谈判代表会议在新加坡举行》，2015 年 5 月 22 日。

了筹建工作的顺利进行。

签署协定与正式成立

2015 年 6 月 29 日，《亚投行协定》签署仪式在北京举行。亚投行 57 个意向创始成员财长或授权代表出席了签署仪式，其中已通过国内审批程序的 50 个国家正式签署这一协定，其他尚未通过国内审批程序的意向创始成员见证签署仪式。① 根据《亚投行协定》规定，此次未签署协定的意向创始成员可在当年年底前签署。

根据《亚投行协定》，各签署国一致同意：考虑到在全球化背景下，区域合作在推动亚洲经济体持续增长及经济和社会发展方面具有重要意义，也有助于提升本地区应对未来金融危机和其他外部冲击的能力；认识到基础设施发展在推动区域互联互通和一体化方面具有重要意义，也有助于推进亚洲经济增长和社会发展，进而为全球经济发展提供新动力；认识到亚洲基础设施投资银行（以下简称"银行"）通过与现有多边开发银行开展合作，将更好地为亚洲地区长期的巨额基础设施建设融资缺口提供资金支持；确信作为旨在支持基础设施发展的多边金融机构，银行的成立将有助于从亚洲域内及域外动员更多的亟须资金，缓解亚洲经济体面临的融资瓶颈，与现有多边开发银行

① 签署协定的 50 个国家分别为：澳大利亚、奥地利、阿塞拜疆、孟加拉国、巴西、柬埔寨、文莱、中国、埃及、芬兰、法国、格鲁吉亚、德国、冰岛、印度、印尼、伊朗、意大利、以色列、约旦、哈萨克斯坦、韩国、吉尔吉斯斯坦、老挝、卢森堡、马尔代夫、马耳他、蒙古国、缅甸、尼泊尔、荷兰、新西兰、挪威、阿曼、巴基斯坦、葡萄牙、卡塔尔、俄罗斯、沙特、新加坡、西班牙、斯里兰卡、瑞典、瑞士、塔吉克斯坦、土耳其、阿联酋、英国、乌兹别克斯坦和越南。菲律宾、丹麦、科威特、马来西亚、波兰、南非和泰国未当日签署协定。

形成互补，推进亚洲实现持续稳定增长；同意成立银行，并遵照本协定所做出的规定进行运作。[①]

时任中国财政部部长楼继伟作为中方授权代表签署《亚投行协定》并在仪式上致辞。楼继伟强调，各国签署协定后，还需经本国立法机构批准。2015 年年底之前，经合法数量的国家批准后，《亚投行协定》即告生效，亚投行正式成立。下一步，各方将按照此前商定的时间表，积极推进包括完成各自国内立法批准程序在内的各项筹建工作，确保亚投行如期在 2015 年年底前正式成立并及早投入运营。

根据《亚投行协定》规定，当至少有 10 个签署方向中方交存批准书、接受书或核准书，且签署方初始认缴股本不少于认缴股本总额的 50% 时，《亚投行协定》即告生效，亚投行就可投入正式运营。2015 年 12 月 25 日，在缅甸、新加坡、文莱、澳大利亚、中国、蒙古、奥地利、英国、新西兰、卢森堡、韩国、格鲁吉亚、荷兰、德国、挪威、巴基斯坦、约旦 17 个意向创始成员国批准《亚投行协定》并提交批准书后，批准协定的成员股份总和占比达到 50.1% 从而达到协定规定的生效条件，亚投行由此正式成立。

◇◇ 第二节　加盟亚投行的"多米诺骨牌"

发展中国家成员的扩展

自 2014 年 10 月 24 日 21 个新兴市场与发展中国家成为首批意向

---

① 参见《亚洲基础设施投资银行协定》。

创始成员后，作为一个开放、包容的多边开发机构，亚投行得到一大批包括亚洲国家在内的不同地区的国家的加盟。到意向创始成员申请截止日，亚投行又陆续收到了 36 个国家的加入申请，其中包括印度尼西亚、巴西、俄罗斯和南非等主要新兴市场与发展中国家。

2014 年 11 月 25 日，印度尼西亚财政部长班邦代表印度尼西亚政府，在雅加达签署筹建亚投行备忘录，印度尼西亚由此成为继亚投行首批意向创始成员后的第一个新加入成员，亚投行意向创始成员达到 22 个。印度尼西亚财政部长班邦表示，印度尼西亚高度重视亚投行倡议，一直积极支持并参与筹建进程，但因政府换届未能如期与其他各方一道签署有关备忘录，同时认为亚投行投入方向与印度尼西亚新政府加强海上等基础设施建设、促进互联互通的发展战略十分契合，也将促进整个亚洲地区的基础设施建设和经济发展。印度尼西亚是东南亚最大经济体，也是亚投行的"首倡之地"，作为意向创始成员加入亚投行无疑对于这一新的多边机构的发展壮大具有重要的推动作用。

2015 年 3 月 27 日，巴西总统办公室表示，巴西对参与创建这一旨在为亚洲地区基础设施项目提供资金的项目非常感兴趣，将以创始成员的身份加入亚投行，并且不附加任何条件。3 月 28 日，俄罗斯第一副总理伊戈尔·舒瓦洛夫在 2015 博鳌亚洲论坛现场宣布，俄罗斯总统普京决定，俄罗斯将加入亚投行。3 月 31 日，南非在经过国内程序后，正式向中国提交加入亚投行的申请书。巴西是南美洲面积最大、人口最多、经济最发达的国家；俄罗斯是全球面积最大、原苏联东欧地区最大的经济体；南非是非洲大陆最大的经济体。巴西、俄罗斯和南非都是二十国集团和金砖国家成员，三国分别于 4 月 12 日、14 日和 15 日正式成为亚投行意向创始成员。三国的加盟使得代表新兴市场与发展中国家的"金砖国家"成员聚齐亚投行，亚投行也因此成为五国深入合作的新平台。

此外，马尔代夫、沙特阿拉伯、塔吉克斯坦、约旦、阿联酋、伊朗、吉尔吉斯斯坦、土耳其、韩国、格鲁吉亚、埃及、以色列和阿塞拜疆等新兴市场与发展中国家也纷纷提出加入亚投行申请，并顺利获得创始会员国身份。

西方国家的加盟

随着亚投行成员的日益扩大，一些区域外的发达国家也陆续提出加入申请，并积极参与亚投行的筹建进程。2014 年 11 月 28 日，新西兰正式申请加入亚投行，并于 2015 年 1 月 4 日成为亚投行第 24 个意向创始成员，成为首个加入亚投行的"西方国家"。2015 年 3 月 12 日，英国正式申请加入亚投行，并成为首个申请加入亚投行的欧洲国家，也是首个申请加入亚投行的主要西方国家。英国的加入引发了西方国家申请加入亚投行的热潮。其后，法国、意大利、德国、澳大利亚等西方国家纷纷以意向创始成员身份申请加入亚投行。在 57 个意向创始成员中，西方国家占据 19 席（见表 3—3）。

表 3—3 亚投行主要发达国家意向创始成员

序号	国家	申请加入时间	成员身份
1	新西兰	2014 年 11 月 28 日	OECD
2	英国	2015 年 3 月 12 日	联合国安理会常任理事国、欧盟、G7、G20、OECD
3	法国	2015 年 3 月 17 日	联合国安理会常任理事国、欧盟、G7、G20、OECD
4	德国	2015 年 3 月 17 日	欧盟、G7、G20、OECD

序号	国家	申请加入时间	成员身份
5	意大利	2015 年 3 月 17 日	欧盟、G20、OECD
6	卢森堡	2015 年 3 月 18 日	欧盟、OECD
7	瑞士	2015 年 3 月 20 日	OECD
8	奥地利	2015 年 3 月 27 日	欧盟、OECD
9	西班牙	2015 年 3 月 27 日	欧盟、OECD
10	丹麦	2015 年 3 月 28 日	欧盟、OECD
11	荷兰	2015 年 3 月 28 日	欧盟、OECD
12	澳大利亚	2015 年 3 月 29 日	G20、OECD
13	芬兰	2015 年 3 月 30 日	欧盟、OECD
14	挪威	2015 年 3 月 31 日	OECD
15	瑞典	2015 年 3 月 31 日	欧盟、OECD
16	葡萄牙	2015 年 3 月 31 日	欧盟、OECD
17	波兰	2015 年 3 月 31 日	欧盟、OECD
18	冰岛	2015 年 3 月 31 日	OECD
19	马耳他	2015 年 4 月 9 日	欧盟

资料来源：笔者根据中新网资料整理。

在是否加盟亚投行的问题上，主要西方国家的态度成为外界关注的焦点之一。从亚投行创始成员申请过程来看，西方国家从保持缄默，逐步演化成两个阵营。一方面，以英国、德国、法国和意大利为代表的欧洲发达国家和以新西兰、澳大利亚为代表的亚太发达国家纷纷以意向创始成员国身份申请加入亚投行；另一方面，以美国和日本为代表的西方大国却对加入亚投行无动于衷。

在此过程中，一些西方国家不顾美日等国的劝导陆续申请加入亚投行，从另一个侧面反映出西方国家在新的战略布局中已出现明显分歧。就在英国做出申请加入亚投行前，七国集团还在讨论如何应对新成立的亚投行问题。对于英国等盟友申请加入亚投行，美国曾公开表示质疑和谴责。早在 3 月 12 日，英国宣布成为亚投行意向创始成员，美国官方在第一时间对英国的做法提出批评，美国政府官员抱怨英方作此决定几乎未与美国磋商，并不是一种"好"的方式。另据英国《金融时报》报道，对于英国在亚投行问题上"迁就"中国，美国认为其没有征询美国意见，并对英国对中国的"迁就"表示担忧，评价英国的决定不是一种理智的方式。另据报道，日本财务省高官对于英国加入亚投行，也予以严厉斥责。但英国财政大臣乔治·奥斯本并不认为英国的决定有错，并表示："在亚投行的成立阶段就加入该行，会为英国和亚洲创造共同投资和增长的举世无双的机遇。"美国一直劝说的澳大利亚也宣布加入亚投行。一些西方国家不顾美日等国的劝导陆续申请加入亚投行，从另一个侧面反映出原来对亚投行都保持缄默的西方国家不再是铁板一块。

西方同盟在加盟亚投行问题上的分道扬镳再次引起人们对其政策协调和战略沟通能力的质疑。其实，在制裁俄罗斯问题上美欧日的不同战略考虑已从制裁的执行力度上有所反映。制裁伊始，美欧即表现出明显分歧，美国主张加大制裁力度，而德国、英国、法国等与俄罗斯贸易关系较为紧密的欧洲国家则对全面制裁措施持谨慎态度。日本对于制裁亦是一面对美国的行动表示支持，另一面却在行动上大打折扣。

在战略规划与政策制定过程中，国家利益往往成为政治家们优先考虑的目标。在加入亚投行问题上的分歧，归根结底，所反映出来的是西方国家利益需求的分化，从而在重塑世界经济秩序方面的立场也不尽相同。而引起这种立场不一致的重要原因之一，是源于近年来西方国家内部经济发展的不均衡性日益突出。在经济增长上，美国的表现相对突出，而欧洲和日本的经济增长表现却令人堪忧。相比美国，当前欧洲国家面临的经济困难要大得多，对外经济政策的目标首当其冲是要为其在全球范围内寻求投资机会，促进经济增长。对于美国来说，保持其在全球经济金融体系中的主导地位仍是其对外战略的优先考虑。而对于日本而言，谋求政治大国地位仍有赖于巩固稳定的美日同盟关系。

从全球视角来看，现行国际货币金融体系存在诸多弊病，而改革进展十分缓慢，业已达成的 IMF 份额和治理改革方案因为美国的阻挠而无法落实。一些发达国家的利益诉求也因此得不到满足，寻找替代方案便成为努力的方向之一。对于一些秉持国际关系民主化的西方国家来说，支持具有包容性、开放性的亚投行，在一定意义上是对这一努力所采取的切实行动。

意向创始成员的确定

2015 年 4 月 15 日，随着瑞典、以色列、南非、阿塞拜疆、冰岛、葡萄牙、波兰正式成为亚投行意向创始成员，亚投行意向创始成员增至 57 个，覆盖全球五大洲（见表 3—4）。其中，亚洲国家 34 个，分别为孟加拉国、文莱、柬埔寨、中国、印度、印度尼西亚、约旦、哈萨克斯坦、科威特、老挝、马来西亚、马尔代夫、蒙古国、缅甸、尼泊尔、阿曼、巴基斯坦、菲律宾、卡塔尔、沙特阿拉伯、新加坡、韩国、斯里兰卡、塔吉克斯坦、泰国、土耳其、乌兹别克斯坦、越南、吉尔吉斯斯坦、以色列、格鲁吉亚、阿联酋、阿塞拜疆和伊朗；欧洲国家 18 个，分别为奥地利、丹麦、法国、德国、意大利、卢森堡、荷兰、西班牙、瑞士、英国、瑞典、芬兰、挪威、冰岛、俄罗斯、葡萄牙、波兰和马耳他；大洋洲国家 2 个，分别为新西兰和澳大利亚；

非洲国家 2 个，分别为埃及和南非；南美洲国家 1 个，为巴西。①

表 3—4　　　　　　　　　　亚投行意向创始会员

序号	正式加入时间	意向创始会员	累计成员数
1	2014 年 10 月 24 日	孟加拉国、文莱、柬埔寨、中国、印度、哈萨克斯坦、科威特、老挝、马来西亚、蒙古国、缅甸、尼泊尔、阿曼、巴基斯坦、菲律宾、卡塔尔、新加坡、斯里兰卡、泰国、乌兹别克斯坦、越南	21
2	2014 年 11 月 25 日	印度尼西亚	22
3	2014 年 12 月 31 日	马尔代夫	23
4	2015 年 1 月 4 日	新西兰	24
5	2015 年 1 月 13 日	沙特阿拉伯、塔吉克斯坦	26
6	2015 年 2 月 7 日	约旦	27
7	2015 年 3 月 27 日	卢森堡	28
8	2015 年 3 月 28 日	瑞士、英国	30
9	2015 年 4 月 1 日	德国	31
10	2015 年 4 月 2 日	法国、意大利	33
11	2015 年 4 月 3 日	阿联酋、伊朗	35
12	2015 年 4 月 9 日	吉尔吉斯斯坦、马耳他	37
13	2015 年 4 月 10 日	土耳其	38
14	2015 年 4 月 11 日	韩国、奥地利、西班牙	41
15	2015 年 4 月 12 日	格鲁吉亚、丹麦、荷兰、芬兰、巴西	46
16	2015 年 4 月 13 日	澳大利亚	47
17	2015 年 4 月 14 日	挪威、俄罗斯、埃及	50
18	2015 年 4 月 15 日	以色列、阿塞拜疆、瑞典、冰岛、葡萄牙、波兰、南非	57

资料来源：笔者根据网络资料整理。

---

① 根据《亚洲基础设施投资银行协定》，俄罗斯、澳大利亚和新西兰划分为域内成员。

无论是经济还是政治上，亚投行的意向创始成员在国际上都具有十分重要的影响。从经济规模来看，根据国际货币基金组织数据，2014年57个亚投行意向创始成员按市场汇率计算的 GDP 总额为44.67万亿美元，占全球 GDP 的份额为57.8%；而57国按购买力平价计算的 GDP 总额为68.45万亿国际美元，占全球 GDP 的份额达63.4%（见图3—1）。从人口规模来看，根据国际货币基金组织数据，2014年57国人口总数达49.31亿人，占全球人口总量的69.4%。

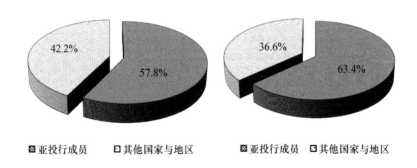

图3—1　2014 年亚投行意向创始成员的经济总量占全球份额

注：左图为按市场汇率计算的 GDP 份额，右图为按购买力平价计算的 GDP 份额。

资料来源：国际货币基金组织数据库，2015 年 10 月。

亚投行的成员种类广泛，既保持了区域特色，也具有非常广泛的代表性。在57个意向创始成员中，既有亚洲国家也有其他区域的国家，既有发达国家也有发展中国家，既有综合实力较强的大国也有人口、经济规模较小的小国。具体来说，它包括了4个联合国安理会常任理事国、14个二十国集团成员国、4个七国集团成员国、5个金砖国家成员国、14 个欧盟成员国。按地区划分，亚洲地区有 34 国、欧洲 18 国、大洋洲 2 国、非洲 2 国以及南美洲 1 国。一般来说，国家之间存在广泛的共同利益将直接驱使相关国家采取共同的行动。由此可见，亚投行是意向创始成员国为了实现共同利益而进行合作的产物。但也应该注意到，各国对于亚投行也有不同的期待。

对于多数亚洲地区成员来说，落后的基础设施严重制约了经济和社会发展，而基础设施建设滞后则主要缘于基础设施投资的严重不足。从现实来看，满足这一投资需求的缺口还很大。与此同时，亚洲国家缺少一个通过合理、有效利用资金来满足投资需求的金融中介系统。亚投行将为亚洲地区的基础设施建设提供资金支持，推动相关国家的经济社会发展，并惠及广大民众。

对于亚洲域外成员来说，亚投行为其分享中国以及亚洲发展成果提供了新的平台。当前，世界经济的低速增长成为新的常态，而亚洲仍是最具发展活力和潜力的地区之一。亚洲拥有 60% 以上的世界总人口并因此拥有巨大的市场，发展前景十分广阔。同时，作为亚洲第一大经济体，中国已成为众多国家的最大贸易伙伴、最大出口市场和重要投资来源地，中国对世界经济的拉动作用日益突出。因此，搭乘中国乃至亚洲地区发展的便车将为域外国家带来直接收益。

对于新兴国家来说，亚投行其主动参与全球治理改革、提升国际地位的重要举措之一。在现有多边体系下，新兴国家长期处于被支配地位，即使一些国际经济组织已经启动改革进程，但这些改革完成后仍然难以赋予新兴国家与自身实力相适应的发言权。亚投行成立后，以金砖国家为代表的新兴市场和发展中国家可以在其中获得主导权，并借助这一平台扩大在发展中国家的影响力，提升在全球治理中的话语权。

亚投行成员国的不同期待反映出全球治理的变革往往是不同的利益考虑汇合成而成的共同行动，也正由于亚投行尽可能地承载了不同的利益诉求，才使其保持了巨大的吸引力和生命力。由此可见，尽管亚投行为区域性多边金融机构，但其同样具有十分重要的全球意义。亚投行的建成，不仅能够推进亚洲区域内国家之间的合作和一体化，也将成为全球不同地区、不同发展阶段国家相互合作的典范。

成立后新加入成员

亚投行成立后，一些新的成员申请陆续得到批准，亚投行的成员数量不断增加。自 2016 年成立至 2018 年年底，亚投行分 7 次宣布批准了 36 个新成员，其中域内成员 13 个，域外成员 23 个（见表 3—5）。2017 年 3 月 23 日，亚洲基础设施投资银行宣布接收自成立以来第一批 13 个新成员加入，成员总数达到了 70 个。在新成员名单中，域外成员有 8 个，分别是比利时、加拿大、埃塞俄比亚、匈牙利、爱尔兰、秘鲁、苏丹和委内瑞拉；域内成员有 5 个，分别是阿富汗、亚美尼亚、斐济、中国香港和东帝汶。2017 年 5 月 13 日，亚投行宣布批准巴林、塞浦路斯、萨摩亚、玻利维亚、智利、希腊和罗马尼亚 7 个新成员加入，成员总数增至 77 个。2017 年 6 月 16 日，亚投行宣布批准阿根廷、马达加斯加和汤加 3 个新成员加入，成员总数增至 80 个。2017 年 12 月 19 日，亚投行宣布批准库克群岛、瓦努阿图、白俄罗斯和厄瓜多尔 4 个新成员加入，成员总数增至 84 个。2018 年 5 月 2 日，亚投行宣布批准巴布亚新几内亚和肯尼亚加入，成员总数增至 86 个。2018 年 6 月 26 日，亚投行宣布批准黎巴嫩作为意向成员加入，成员总数增至 87 个。2018 年 12 月 19 日，亚投行宣布批准阿尔及利亚、加纳、利比亚、摩洛哥、塞尔维亚和多哥 6 个意向成员加入，成员总数由此扩大到 93 个。

表 3—5　　　　　　　　　　　亚投行成立后新加入成员

序号	宣布日期	新加入成员		累计成员数
		域内	域外	
1	2017 年 3 月 23 日	阿富汗、亚美尼亚、斐济、中国香港、东帝汶	比利时、加拿大、埃塞俄比亚、匈牙利、爱尔兰、秘鲁、苏丹、委内瑞拉	70
2	2017 年 5 月 13 日	巴林、塞浦路斯、萨摩亚	玻利维亚、智利、希腊、罗马尼亚	77
3	2017 年 6 月 16 日	汤加	阿根廷、马达加斯加	80
4	2017 年 12 月 19 日	库克群岛、瓦努阿图	白俄罗斯、厄瓜多尔	84
5	2018 年 5 月 2 日	巴布亚新几内亚	肯尼亚	86
6	2018 年 6 月 26 日	黎巴嫩	—	87
7	2018 年 12 月 19 日	—	阿尔及利亚、加纳、利比亚、摩洛哥、塞尔维亚、多哥	93

注：截至 2018 年 12 月 31 日。

资料来源：亚投行。

随着成员数量的不断增加，亚投行的资金实力和国际影响力不断攀升。截至 2019 年 1 月 21 日，在成立后新加入的 36 个成员中，域内的阿富汗、斐济、中国香港、东帝汶、巴林、塞浦路斯、萨摩亚、瓦努阿图及域外的加拿大、埃塞俄比亚、匈牙利、爱尔兰、苏丹、罗马尼亚、马达加斯加、白俄罗斯 16 个成员已认缴股本，并参与亚投行的管理与决策。至此，完成股本认缴的成员达到 70 个，认缴股本总额为 964.038 亿美元，其中域内成员和域外成员的认缴股本总额分别为 738.553 亿美元和 225.485 亿美元（见附录二）。[①] 此外，亚投行于 2018 年 12 月授予联合国永久观察员地位。

◇◇ 第三节　机构设置与运营安排

多边临时秘书处

在首批意向创始成员在北京签署《筹建亚投行备忘录》，亚投行的筹建正式步入机制化运作阶段，其主要标志是成立多边临时秘书处和举行谈判代表会议。按照《筹建亚投行备忘录》要求以及筹建亚投行谈判代表会议授权，多边临时秘书处主要功能是为谈判代表会议提供技术标准和专业方面的支持和服务，其职权范围包括制定业务、人员、行政和财务等方面的政策和规定，拓展潜在的运营渠道以及筹备理事会成立大会等。

多边临时秘书处包括法律、通信、经营性基础设施、业务发展和财务（资金管理及控制）等部门，并且拥有一定数量的咨询人员。秘书处工作人员包括来自各意向创始成员的借调人员以及通过择优选拔招募的专家和咨询顾问。秘书处的具有工作任务包括起草筹建亚投行的基本法律和政策文件，为谈判代表会议提供后勤保障以及完成谈判代表委派的其他任务等。可见，多边临时秘书处的首要目标和任务是

---

① 截至 2019 年 1 月底，科威特、巴西和南非 3 个意向创始成员及亚美尼亚、比利时、秘鲁、委内瑞拉、玻利维亚、智利、希腊、汤加、阿根廷、库克群岛、厄瓜多尔、巴布亚新几内亚、肯尼亚、黎巴嫩、阿尔及利亚、加纳、利比亚、摩洛哥、塞尔维亚和多哥 20 个意向成员尚未完成股本的认缴。

从专业角度为亚投行协定谈判提供技术支持。

亚投行多边临时秘书处设立在北京市西城区金融大街 9 号金融街中心北塔 8 楼。金融街中心位于北京西二环内，是金融街商务圈核心区域，其目标客户为海内外知名金融、投资、保险、会计、律师机构以及其他知名跨国公司，满足国际顶级金融机构的各种办公需求。[①] 此前，亚投行中方筹建工作组亦在此处办公。[②]

亚投行多边临时秘书处秘书长由金立群担任。[③] 金立群曾任世界银行中国副执行董事、中国财政部副部长、亚开行副行长等职务，并曾担任中国在亚行、世界银行集团和全球环境基金组织的副理事。在担任财政部副部长期间，主要负责教育、科技、文化和对外经济交往领域的行政经费预算；在亚行任职期间，主管南亚地区、中亚和西亚地区以及私营部门运营等方面的业务。2015 年 6 月，金立群被正式提名为亚投行候任行长中方候选人。

总部选址

根据现有多边金融机构总部选址的经验，总部所在的国家和城市，一般符合以下标准：一是拥有较大的经济规模和政治影响力。国

---

① 除了亚投行多边临时秘书处，作为中国推进"一带一路"建设的另一重要金融支持机构，丝路基金有限责任公司也落户金融街，具体的办公地址位于北京金融街英蓝国际金融中心。

② 金立群任亚投行中方筹建工作组组长。

③ 亚投行多边临时秘书处秘书长金立群曾于 1989—1994 年任财政部世界银行司副司长；1994—1995 年任财政部世界银行司司长；1995—1998 年任财政部部长助理；1998—2003 年任财政部副部长；2003—2008 年任亚开行副行长；2008—2013 年任中投公司监事长；2013—2014 年任中国国际金融有限公司董事长。

际货币基金组织、世界银行以及美洲开发银行等由美国参与建立的国际机构，总部都设在华盛顿，这与美国强大的经济实力和国际影响力是分不开的。二是拥有良好的政治、经济和社会环境。2003 年，由于科特迪瓦政局动荡，非洲开发银行决定将总部由科特迪瓦迁至突尼斯；2013 年，非洲开发银行理事会再度决定将总部迁回科特迪瓦的阿比让。为此，非洲开发银行计划出资 1 亿美元修整新的办公地点。非洲开发银行总部地址的多次迁移表明了总部所在地的稳定是机构得以顺利运行的基本保障。三是拥有较为成熟的金融市场。对于多边金融机构来说，较为完善的金融市场和良好的金融基础设施，既有助于融资和投资业务的顺利开展，也有助于挖掘潜在业务。四是拥有较好的地理区位优势。在地理上，拥有交通便捷、通信发达和较强区域辐射力的城市更有利于机构的对外业务的开展。五是拥有充足的国际化人才。尽管机构的高级管理人员通常通过全球招募，但普通工作人员往往以所在国为主。国际化程度较高的城市不仅能为机构输入较低成本的国际化人才，也能为他国工作和业务人员出行提供便利。

由此可见，总部选择不仅仅是一个地理位置上的问题，也关系到亚投行的控制力、影响力以及未来的发展方向，选择必须慎重。究其原因，一方面，在于总部地址一旦确定并入驻后，再行迁离的成本很高。这与管理层以及治理规则的变更有较大区别。一般来说，行长、副行长以及其他管理人员的更替不会影响机构的正常运营，成本也相对较小，而总部的变更不仅会带来运营上的不便，也会由此产生大量人力、物力和财力上的消耗。另一方面，将总部设在各方面条件俱佳的区域，不仅有利于机构的顺利起步，也有助于创造更好的发展机遇。

尽管创始成员遍及亚洲、欧洲、大洋洲、南美洲和非洲，但从地域性质来看，亚投行仍然属于区域性多边金融机构，因此总部应当设定在域内成员境内。根据《亚投行协定》第六章第三十二条之规定，亚投行总部设在中华人民共和国北京市，但银行可在其他地方建立机构或办公室。[①] 这是各意向创始成员经过全面考量共同做出的决定。

中国是亚投行最大的成员，世界第二大经济体，三十余年来经济一直保持相对较高水平的增长速度。并且，中国的经济、政治和社会环境稳定，国际地位和影响力不断提高，人力资源和人才储备充足。中国是世界上最大的留学生生源国。中国教育部统计数据显示，1978—2014 年，中国各类出国留学人员总数达 351.84 万人，留学回国人员总数达 180.96 万人。其中，2014 年出国留学人员总数为 45.98 万人，留学回国人员总数为 36.48 万人。并且，中国拥有北京、上海、深圳、香港等国际化程度较高的大城市。

作为中国首都，北京是全国政治、文化和国际交往中心，全国经济、金融的决策中心和管理中心，同时也是中国陆空交通的总枢纽和最重要的国内国际交往中心。当前，北京已发展成为一座现代化的国际大都市，拥有全球最多的世界五百强总部，也是全球接待游客最多的城市。北京市旅游发展委员会数据显示，2014 年北京旅游共接待旅游总人数 2.61 亿人次，其中接待入境过夜旅游者 427.5 万人次。根据科尼尔管理咨询公司（A. T. Kearney）发布的"2014 年全球城市指数"报告显示，北京的全球城市指数在参与评价的全球 84 个城市中排名第 8 位，较上年上升 4 位并由此跻身全球十大城市（见图 3—2）。全球城市指数的衡量标准包括城市的商业活动（business activity）、人力资本（human capital）、资讯交流（information exchange）、

---

① 《亚洲基础设施投资银行协定》第六章第三十二条。

文化体验（cultural experience）和政治参与（political engagement），因此较为全面地反映了城市综合实力。

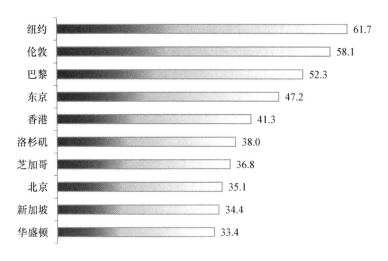

纽约	61.7
伦敦	58.1
巴黎	52.3
东京	47.2
香港	41.3
洛杉矶	38.0
芝加哥	36.8
北京	35.1
新加坡	34.4
华盛顿	33.4

图3—2 2014年全球城市指数排名前十城市

资料来源：A. T. Kearney，*Global Cities Index 2017*。

在国际金融中心城市的资源禀赋方面，相对于亚投行其他域内成员，中国也拥有一定的优势。总部位于英国伦敦的全球性商业咨询公司Z/Yen集团发布的全球金融中心指数（GFCI）能够较为全面地评价金融中心的竞争力。全球金融中心指数涵盖了人才（people）、商业环境（business environment）、市场发展程度（market access）、基础设施（infrastructure）、总体竞争力（general competitiveness）五类竞争力指标。其中，人才指标包括人才的匹配、劳动力市场的灵活度、商业教育、人力资本的发展等；商业环境指标包括市场监管水平、税率、贪腐程度、经济自由度、商业交易的便利程度等；市场发展程度指标包括证券化水平、可交易股票和债券的交易量与市场价值、众多金融服务相关企业集聚于某一金融中心产生的聚集效应等；

基础设施指标包括建筑和办公地的成本与实用性；总体竞争力指标包括基于"总体大于部分之和"的理念而创造的城市的总体竞争力水平及城市宜居程度等。这些评价源于对国际金融服务专业人士进行的网络问卷调查，并通过一个"指标评价模型"（factor assessment model）计算得分和排名。

根据 2015 年 3 月 Z/Yen 集团发布的全球金融中心指数（GFCI）报告，在全球排名前 80 位的金融中心中，中国占有 5 席，分别为香港、上海、深圳、北京和大连。其中，北京得分为 674 分，较上期上升 6 分；排名 29 位，较上期上升 3 位（见表 3—6）。尽管在亚投行域内创始成员国际金融中心城市的综合评价方面，北京并非位列前茅，但在亚投行前三大股东方中，北京仍具有较大优势，并且北京在金融竞争力方面展现出良好的发展势头。

表 3—6　　　亚投行域内意向创始成员主要金融中心排名与得分

国家与城市	排名	得分	较上期排名变化	较上期得分变化
中国香港	3	758	—	↑2
新加坡	4	754	—	↑8
韩国首尔	7	718	↑1	↑3
沙特阿拉伯利雅得	14	698	↑7	↑13
中国上海	16	695	↑4	↑5
卡塔尔	20	691	↑2	↑7
澳大利亚悉尼	21	690	↑2	↑8
中国深圳	22	689	↑3	↑9
阿联酋迪拜	23	688	↓6	↓6
韩国釜山	24	687	↑4	↑11

续表

国家与城市	排名	得分	较上期排名变化	较上期得分变化
阿联酋阿布达比	26	685	↓7	↓7
以色列特拉维夫	27	684	↑9	↑20
澳大利亚墨尔本	28	677	↓4	↓4
中国北京	29	674	↑3	↑6
马来西亚吉隆坡	38	652	↑3	↓4
土耳其伊斯坦布尔	44	643	↓2	↓12
哈萨克斯坦阿拉木图	49	634	↓6	↓19
中国大连	51	632	—	—
印度孟买	53	626	↑8	↑1
印度尼西亚雅加达	57	618	↑9	↓2
菲律宾马尼拉	62	611	↓3	↓16
俄罗斯莫斯科	75	579	↑5	↑43
俄罗斯圣彼得堡	78	569	↓6	↓31

注："—"表示较上期未发生变化或上期未参与评价。

资料来源：*The Global Financial Centres Index 17*，March 2015。

总之，在亚投行域内意向创始成员的主要城市中，综合国家经济规模、地理位置、基础设施建设、金融市场发展、国际化程度以及生活成本等因素，北京不仅满足亚投行总部功能需求，还能给亚投行的未来发展带来积极作用。而对于当前北京作为总部所在地在部分领域存在的不足，还可以通过设立分支机构或办公室来弥补。

开业与运营

在签署《亚投行协定》后，各意向创始成员需完成《亚投行协定》国内批准程序，并且确保在年底前达成生效条件，亚投行才能如期成立。根据《亚投行协定》规定，当至少有 10 个签署方向中方交存批准书、接受书或核准书，且签署方初始认缴股本不少于认缴股本总额的 50% 时，《亚投行协定》即告生效，亚投行就可投入正式运营。

在《亚投行协定》达到生效条件并且正式成员完成理事的任命后，中方作为协定的保存人将召集首次理事会会议。首次理事会讨论和决定的事项包括：选举行长和董事，确定开业日期并做出相应必要安排。根据中国财政部副部长的介绍，在正式开业之前，亚投行需要完成的工作包括以下四个方面：一是进一步完善环境和社会保障框架、采购等业务政策，以确保亚投行专业运营、透明运作、高效廉洁；二是加紧制定人力资源政策以及员工选聘程序和标准，按照公开、透明的程序在全球范围内择优选聘人员；三是各方共同研究提出基础设施建设设备选项目，为亚投行成立后尽早投入运营做好项目准备；四是中方作为东道国，需做好亚投行总部落户北京的后续工作，为亚投行成立及高效运营提供可靠保障。

2016 年 1 月 16 日，亚投行开业仪式在北京举行。这意味着在历经两年多的筹备筹建后，全球多边开发性金融体系中首个中国倡议设立的多边金融机构开张运营。时任中国财政部部长楼继伟被选举为亚投行首届理事会主席，金立群当选亚投行首任行长。1 月 17 日，亚投行在坐落于北京金融街的总部大楼正式启用。2 月 5 日，亚投行正式宣布任命分别来自英国、德国、印度、韩国、印度尼西亚的 5 位副行长。亚投行由此进入常规化运行。

2016 年 6 月 24 日，亚投行批准第一批总额为 5.09 亿美元的四个贷款项目，包括巴基斯坦境内连接旁遮普省的绍尔果德与哈内瓦

尔的 M-4 国家高速公路项目、塔吉克斯坦境内连接杜尚别至乌兹
别克斯坦边境的公路改善项目、孟加拉国电力输送系统升级与扩容
项目以及印度尼西亚国家贫民窟改造项目。截至 2018 年年底，亚投
行批准了 35 个项目，累计批准贷款约 75 亿美元，拉动其他投资近
400 亿美元，已批准项目覆盖巴基斯坦、塔吉克斯坦、孟加拉国、
印度尼西亚、缅甸、阿曼、阿塞拜疆、印度、格鲁吉亚、埃及、菲
律宾、中国和土耳其 13 个国家和地区，涉及交通运输、能源、电
信、城市建设等多个领域（见表 3—7）。此外，亚投行还有 20 多个
项目处于准备阶段。

表 3—7 亚投行批准项目情况一览

序号	批准时间	国家/地区	项目名称	项目领域	贷款额（百万美元）
1	2016 年 6 月 24 日	巴基斯坦	M-4 国家高速公路项目	运输	100
2	2016 年 6 月 24 日	塔吉克斯坦	杜尚别至乌兹别克斯坦边境公路改善项目	运输	27.5
3	2016 年 6 月 24 日	孟加拉国	电力输送系统升级与扩容项目	能源	165
4	2016 年 6 月 24 日	印度尼西亚	国家贫民窟改造项目（世行联合融资）	城市	216.5
5	2016 年 9 月 27 日	巴基斯坦	塔贝拉五期水电扩建项目	能源	300
6	2016 年 9 月 27 日	缅甸	敏建天然气发电厂项目	能源	20
7	2016 年 12 月 8 日	阿曼	杜库姆港商业码头和运营区开发项目	运输	265
8	2016 年 12 月 8 日	阿曼	阿曼铁路网项目	运输	36
9	2016 年 12 月 21 日	阿塞拜疆	跨安纳托利亚天然气管道项目	能源	600
10	2017 年 3 月 22 日	印度尼西亚	区域基础设施发展基金项目	城市	100

续表

序号	批准时间	国家/地区	项目名称	项目领域	贷款额（百万美元）
11	2017 年 3 月 22 日	印度尼西亚	大坝运行改善与安全项目二期	多部门	125
12	2017 年 3 月 22 日	孟加拉国	天然气基础设施和效率提升项目	能源	60
13	2017 年 5 月 2 日	印度	安得拉邦 24×7 为民电力项目	能源	160
14	2017 年 6 月 15 日	格鲁吉亚	巴统绕城公路项目	运输	114.0
15	2017 年 6 月 15 日	印度	印度基础设施基金	多部门	150
16	2017 年 6 月 15 日	塔吉克斯坦	努列克水电改造项目一期工程	能源	60
17	2017 年 7 月 4 日	印度	古吉拉特邦乡村道路项目	运输	329
18	2017 年 9 月 4 日	埃及	埃及第二轮太阳能光伏上网电价计划	能源	181.5—199
19	2017 年 9 月 27 日	印度	输电系统加固项目	能源	100.00
20	2017 年 9 月 27 日	亚洲	国际金融公司新兴亚洲基金	多部门	150
21	2017 年 9 月 27 日	菲律宾	马尼拉防洪项目	水利	207.603205
22	2017 年 12 月 8 日	印度	班加罗尔地铁 R6 线建设项目	运输	335
23	2017 年 12 月 8 日	阿曼	宽带基础设施项目	电信	239.2
24	2017 年 12 月 8 日	中国	北京空气质量改善和煤炭更换项目	能源	250
25	2018 年 2 月 9 日	孟加拉国	孟加拉国 Bhola IPP 电力工程项目	能源	60
26	2018 年 4 月 11 日	印度	中央邦农村互联互通项目	运输	140
27	2018 年 6 月 24 日	印度	国家投资和基础设施基金	多部门	100
28	2018 年 6 月 24 日	土耳其	图兹湖储气库扩建项目	能源	600

续表

序号	批准时间	国家/地区	项目名称	项目领域	贷款额（百万美元）
29	2018 年 6 月 24 日	印度尼西亚	灌溉系统战略性现代化和紧急修复项目	水利	250
30	2018 年 9 月 28 日	印度	安得拉邦农村公路项目	运输	455
31	2018 年 9 月 28 日	埃及	可持续农村卫生服务计划	水处理	300
32	2018 年 9 月 28 日	土耳其	土耳其工业开发银行可持续能源和基础设施转贷项目	其他	200
33	2018 年 12 月 7 日	印度尼西亚	曼达利卡城市和旅游基础设施项目	多部门	248.39
34	2018 年 12 月 7 日	印度	安得拉邦城市供水和污水处理改善项目	水处理	400
35	2018 年 12 月 18 日	亚洲	"亚洲 ESG（环境、社会和治理）增强型信贷管理投资组合"基金	多部门	500

注：截至 2018 年 12 月 31 日。

资料来源：亚投行。

在建立初期，为争取机构尽快实现盈利以实现可持续发展，亚投行主要贷款业务的期限和利率都保持在适度水平，但考虑到一些发展中成员国的需要，一些项目的贷款期限达到了 20 年以上。为此，主权贷款及主权担保贷款是亚投行项目融资的主要业务，并在已开展中的项目融资上占比达到 70%，而非主权融资仅占 30% 左右。

亚投行从第一批贷款项目起，就十分注重运用联合融资和创新融资方式开展业务。在亚投行资助 35 个项目中，联合融资约占总融资额 60%，独立融资约占 40%。除了东道国政府及相关企业，亚投行的联合融资伙伴包括世界银行及其旗下的国际金融公司、欧洲复兴开发银行、亚开行等国际金融机构，也包括英国贸易发展部等投资机构。作为一种筹集资金的途径，联合融资既促进了公私部门资本的融合，为调动私人资本开辟了广阔空间，也通过风险分担为业务运营提供保障。2018 年 12 月，亚投行董事会批准成立规模为 5 亿美元的信用债投资基金——亚洲"环境、社会和治理"（ESG）增强型信贷管理投资组合，旨在推动基础设施相关债券成为一项资产类别，并在亚洲新兴市场投资中融入 ESG 投资理念，从而实现了融资方式的创新。

总之，自 2015 年 12 月正式成立以来，亚投行创造了良好的业务运营纪录，并得到了国际社会的充分肯定。2017 年，亚投行先后获得穆迪、惠誉和标普三家国际评级机构的最高信用评级，并获得巴塞尔银行监管委员会零风险权重的认定。

第四章

机制设计:亚投行治理结构与规则

◇ 第一节 治理结构

理事会

理事会是亚投行的最高权力和决策机构,享有亚投行的一切权力。除了吸收新成员和确定新成员加入条件、增加或减少银行法定股本、中止成员资格、选举银行董事、选举行长以及中止或解除行长职务、决定银行的储备资金及净收益的配置与分配、修订《亚投行协定》、决定终止银行业务并分配银行资产等权力外,理事会可将其他部分或全部权力授予董事会,并且对于授予董事会的所有权力,理事会均保留其执行决策的权力(见表4—1)。

表4—1　　　　　　　亚投行理事会不可授予董事会的权力

序号	权力范围
1	吸收新成员和确定新成员加入条件
2	增加或减少银行法定股本
3	中止成员资格

序号	权力范围
4	裁决董事会对《亚投行协定》的相关解释或适用提出的申诉
5	选举银行董事，并决定须由银行负担的董事和副董事的支出及薪酬
6	选举行长，中止或解除行长职务，并决定行长的薪酬及其他任职条件
7	在审议审计报告后，批准银行总资产负债表和损益表
8	决定银行的储备资金及净收益的配置与分配
9	修订《亚投行协定》
10	决定终止银行业务并分配银行资产
11	行使本协定明确规定属于理事会的其他权力

资料来源：亚投行。

　　理事会由各成员委派的代表构成，各成员任命 1 名理事和 1 名副理事，但副理事只有在理事缺席情况下才享有投票权。理事会每年至少应举行一次年会，按照理事会规定或董事会要求可召开其他会议。当 5 个银行成员提出请求时，董事会即可要求召开理事会会议。但在任何条件下，只有当出席会议的理事超过半数且其代表的投票权不低于总投票权 2/3 时，才构成理事会会议的法定人数。在银行每次年会上，理事会应选举一名理事担任主席，任期至下届主席选举为止。理事和副理事任职期间，银行不予给付薪酬，但可支付其因出席会议产生的合理支出（见表 4—2）。

表 4—2　　　　　　　　　**亚投行理事会构成与程序**

项目	规定与原则
构成	每个成员 1 名理事和 1 名副理事
投票权	理事享有投票权，理事缺席时可由副理事行使投票权
薪酬	理事和副理事任职期间无薪酬，仅负担会议相关支出

项目	规定与原则
会议安排	每年举行年会；5个成员提出请求时可召开理事会会议
会议要求	半数以上理事出席且其代表的投票权份额不低于2/3

资料来源：亚投行。

董事会

董事会是亚投行的执行机构，负责指导银行的总体业务。董事会可行使《亚投行协定》明确赋予的权力以及理事会授予的一切权力，其主要权力和职责包括：理事会的准备工作；制定银行的政策，并以不低于成员总投票权3/4的多数，根据银行政策对银行主要业务和财务政策的决策，向行长下放权力事宜做出决定；对协定明确的银行业务做出决定，并以不低于成员总投票权3/4的多数，就向行长下放相关权力做出决定；常态化监督银行管理与业务运营活动，并根据透明、公开、独立和问责的原则，建立以此为目的的监督机制；批准银行战略、年度计划和预算；视情成立专门委员会；提交每个财年的经审计账目，由理事会批准等（见表4—3）。

表4—3　　　　　　　　　亚投行董事会主要权力和职责

序号	权力和职责范围
1	理事会的准备工作
2	制定银行的政策；以超级多数决定银行的主要业务和财务政策以及决定向行长下放权力事宜
3	决定《亚投行协定》明确规定的银行业务；并以超级多数向行长下放相关权力

续表

序号	权力和职责范围
4	常态化监督银行管理与业务运营活动，并建立以此为目的的监督机制
5	批准银行战略、年度计划和预算
6	视情成立专门委员会
7	向理事会提交每个财年的经审计账目

资料来源：亚投行。

亚投行董事会应由 12 名成员组成，由代表域内和域外成员的理事分别选出 9 名和 3 名，董事会成员不得由理事会成员兼任。董事会主席由行长兼任。经理事会超级多数投票通过，董事会的规模与构成可以适当调整。每名董事应任命 1 名副董事，在董事缺席时代表董事行使全部权力，经理事会允许，一定数量以上成员选举产生的董事任命第 2 名副董事。副董事可参加董事会会议，但只有代表董事行使权力时才可以投票（见表 4—4）。

表 4—4　　　　　　　　　亚投行董事会构成及相关规定

项目	规定与原则
构成	12 名董事，其中域内董事和域外董事分别为 9 名和 3 名；每名董事任命 1 名副董事，特殊情况可任命 2 名副董事
资历	在经济与金融事务方面具有较强专业能力
国籍	成员国国民，董事国籍均不相同，副董事国籍亦均不相同
投票权	董事享有投票权，副董事可代替董事行使投票权
任期	两年，可连选连任
薪酬	董事和副董事任职期间一般无薪酬，仅负担会议相关支出

资料来源：亚投行。

在国籍要求上，董事和副董事均应来自成员国，拥有成员国国籍，并且所有董事的国籍均不相同，所有副董事的国籍也是如此。在任职要求上，与理事不同，董事的任职需要满足一定的专业资历，要求在经济与金融事务方面具有较强的专业能力。在薪酬安排上，在董事与副董事任职期间，银行不付薪酬，另有规定的除外，但银行可向其支付参加会议产生的合理支出。在任职期限上，董事任期两年，可以连选连任，董事任职持续至下任董事选定并就职。

董事会根据银行业务需要，全年定期召开会议。董事会主席或3名董事提出要求，即可召开董事会会议。但只有在出席会议的董事人数超过半数且其代表的投票权不低于成员总投票权的2/3时，才构成董事会会议的法定人数。对于没有董事席位的成员，在董事会审议对其有特别影响的事项时，可指派一名代表出席会议，但无投票权。

关于董事提名和选举，遵循域内与域外分别选举的原则。也即是说，域内董事的候选人应由域内理事提名，域外董事的候选人应由域外理事提名；域内董事由域内成员选出，域外董事由域外成员选出。董事由理事提名，并且每位理事只能提名1人。在选举过程中，如果第一轮投票没有选举出规定数量的董事，且候选人数量多于待选出董事的数量，将进行两轮或两轮以上的投票，直到选出符合规定的董事人选。在第一轮投票中，要求域内董事当选的最低百分比应为其享有的投票权占域内理事投票权总数的6%；域外董事当选的最低百分比应为其享有的投票权占域外理事投票权总数的15%。在后续投票中，域内和域外董事当选的这一最低百分比分别调整为15%和60%。[①] 创

---

① 董事的选举办法参见《亚投行协定》附件二。

始成员有权在其选区内永久担任或轮流担任董事或副董事。

行长及其他管理层

亚投行设行长一名，负责主持董事会，并在董事会指导下开展银行的日常业务。行长是银行的法人代表和最高管理人员。行长由理事会选举产生，任期5年，可连选连任一次。理事会可经法定程序决定中止或解除行长职务。行长由域内成员国的国民担任，任职期间，不得兼任理事、副理事、董事或副董事。行长担任董事会主席，无投票权，仅在正反票数相等时拥有决定票。行长可参加理事会会议，但无投票权。

行长可向董事会推荐副行长人选，董事会按照公开、透明和择优的程序完成对副行长的任命，并决定副行长的任期、行使的权力及其在银行管理层中的职责。在行长出缺或不能履行职责时，由一名副行长行使行长权力，履行行长职责。除副行长外，行长负责银行所有高级职员与普通职员的组织、任命与解雇。在任命高级职员和普通职员及推荐副行长时，行长应遵循确保效率与技术能力达到最高标准，适当考虑地理范围的广泛性。

表4—5　　　　　　　　　　**亚投行行长主要权力和职责**

序号	权力与职责
1	主持董事会，在董事会指导下开展日常业务
2	在董事会正反票数相等时拥有决定票
3	向董事会推荐副行长人选
4	负责副行长外所有高级职员与普通职员的组织、任命与解雇

资料来源：亚投行。

行长、高级职员和普通职员不得干预任何成员的政治事务，也不得在决策时受任何成员政治特性的影响，决策只应考虑经济因素。行长、高级职员和普通职员在任职期间，完全对银行负责，而不对任何其他当局负责。

◇ 第二节　法定股本

法定股本及其认缴

法定股本（authorized capital）是衡量银行资金规模和实力的重要指标，它一方面反映了出资方的能力，另一方面反映了业务规模的大小。出资方的能力主要取决于各成员国的经济实力和财政状况。根据《亚投行协定》规定，亚投行的法定股本为 1000 亿美元，分为 100 万股，每股的票面价值为 10 万美元。每个成员均须认缴银行的股本。其中，域内成员共认缴 750 亿美元，域外成员共认缴 250 亿美元。认缴初始法定股本时，实缴股本与待缴股本之间的比例为 2∶8。经理事会超级多数投票同意后，可以增加银行的法定股本以及调整实缴股本和待缴股本之间的比例。

根据国际惯例，理事会每隔不到 5 年将对银行的总股本进行审议，主要评估现有的资本状况与业务需求之间的差距，并决定增加法定资本的总量和分配方案，并使得各类国家在亚投行中的代表性与其在国际经济和货币体系中的地位相称。法定股本增加时，每个成员都将有机会按理事会决定的条件进行认缴，其认缴部分占总增加股本的比例应与此次增资前其认缴股本占总认缴股本的比例相同。所有成员均无义务认缴任何增加股本。

关于亚投行认缴股本的缴付，成员国可以分多期进行。对于欠发达成员以外的其他所有成员，其初始认缴股本中实缴股本分 5 次缴清，每次缴纳 20%。其中，第 1 次缴付应在本协定生效后 30 天内完成，或在协定的批准书、接受书或核准书递交之日或之前缴付，以后发生者为准；第 2 次缴付在协定生效期满 1 年内完成；其余 3 次将相继在上一次到期 1 年内完成。初始认缴中原始实缴股本的缴付货币为美元或其他可兑换货币。

对于欠发达成员，其初始认缴股本中实缴股本的缴付有如下两种方式：一是最多分 10 次缴付，每次缴付金额相当于总额的 10%。其中，第 1 次和第 2 次缴付的到期日与其他成员相同，第 3 次至第 10 次的缴付在协定生效两年内及之后每满一年内相继完成。缴付货币为美元或其他可兑换货币。二是缴付方法与其他成员相同，但可以使用不超过 50% 的本币完成初始认缴股本中实缴股本的缴付（见表 4—6）。亚投行对欠发达成员缴付货币的规定有其积极意义，一方面尽可能地保证了资本价值稳定，另一方面增加了会员国的参与程度。对于可兑换货币持有量较少的国家，使用本币有助于它们顺利完成股本的缴付。

对于所有成员，如果到期未能完成缴付，则相应的实缴和待缴股本所赋予的权利，包括投票权等都将中止，直至银行收到到期股本的缴付为止。对于待缴股本，仅在银行需偿付债务时方予催缴。各成员可选择美元或银行偿债所需货币进行缴付。在催缴待缴股本时，所有待缴股份的催缴比例应一致。

表 4—6　　　　　　　　　　　亚投行认缴股本的缴付

成员类别	分期情况	缴付时间	缴付货币
发达成员和普通发展中成员	分 5 次，每次缴纳 20%	第 1 次缴付在协定生效后 30 天内完成，或在协定的批准书、接受书或核准书递交之日或之前缴付，以后发生者为准；	美元或其他可兑换货币
欠发达成员	分 5 次，每次缴纳 20%	第 2 次缴付在协定生效期满 1 年内完成；其余 3 次分别在上一次到期 1 年内完成	部分美元或其他可兑换货币，部分本币
	可分 10 次缴付，每次 10%	第 1 次和第 2 次缴付的到期日同上；第 3 次至第 10 次的缴付应在协定生效两年内及之后每满一年内相继完成	美元或其他可兑换货币

资料来源：亚投行。

亚投行各成员初始认缴股份均按面值发行。除理事会另有决定的外，其他股份也按照面值发行。银行股份不得以任何形式进行质押或抵押，只能向银行转让。各成员股权债务仅限于其所持股份发行额中的未缴付部分。

法定股本分配

亚投行法定股本遵循域内与域外分别分配的原则，域内成员与域外成员的法定股本之间的比例为 3∶1，不得相互占用。从而保证了亚投行的"亚洲面孔"。各成员可认缴的法定股本按照 GDP 总量加权计算得出，其中按市场汇率计算的 GDP 占 60% 的权重，按购买力平价计算的 GDP 占 40% 的权重。各成员实际认缴的法定股本可按其意愿申购，可低于其按 GDP 加权分配的额度。例如，马来西亚、新加坡和葡萄牙按照分配规则可分别分配法定股本 10.9 亿美元、8.7 亿美元和 3.0 亿美元，但三国实际确认认缴额分别为 1.095 亿美元、2.5 亿美元和 0.65 亿美元。域内和域外成员法定股本还都预留了部分未分配初始认缴额。

在域内成员中，中国的经济总量最大，因此认缴股本名列首位。国际货币基金组织数据显示，2014 年中国按市场汇率计算的 GDP 总额为 10.38 万亿美元，按购买力平价计算的 GDP 总额为 17.62 万亿国际美元。根据亚投行法定股本分配方案，中国可拥有的股份数量为 297804 股，认缴股本额为 297.804 亿美元，占银行法定股本总额的 29.78%。紧随其后的为印度和俄罗斯，认缴股本额分别 83.673 亿美元和 65.362 亿美元。马尔代夫的认缴股本额最少，为 720 万美元。未分股份数量为 16150 股，认缴股本额为 16.15 亿美元，占银行总额的 1.62%（见表 4—7）。

表 4—7　　　　　亚投行域内成员法定股本初始认缴额分配

成员	GDP_1（亿美元）	GDP_2（亿国际美元）	股份数量	认缴股本（百万美元）	份额（%）
中国	103804	176173	297804	29780.4	29.78
印度	20495	73759	83673	8367.3	8.37
俄罗斯	18575	35645	65362	6536.2	6.54
韩国	14169	17788	37388	3738.8	3.74
澳大利亚	14442	10954	36912	3691.2	3.69
印度尼西亚	8886	26761	33607	3360.7	3.36
土耳其	8061	15081	26099	2609.9	2.61
沙特阿拉伯	7525	16057	25446	2544.6	2.54
伊朗	4041	13343	15808	1580.8	1.58
泰国	3738	9855	14275	1427.5	1.43
阿联酋	4016	5998	11857	1185.7	1.19
巴基斯坦	2501	8823	10341	1034.1	1.03

续表

成员	GDP$_1$（亿美元）	GDP$_2$（亿国际美元）	股份数量	认缴股本（百万美元）	份额（%）
菲律宾	2849	6922	9791	979.1	0.98
以色列	3038	2685	7499	749.9	0.75
哈萨克斯坦	2123	4185	7293	729.3	0.73
越南	1860	5107	6633	663.3	0.66
孟加拉国	1854	5337	6605	660.5	0.66
卡塔尔	2100	3205	6044	604.4	0.60
科威特	1724	2840	5360	536.0	0.54
新西兰	1981	1589	4615	461.5	0.46
斯里兰卡	746	2174	2690	269.0	0.27
缅甸	628	2420	2645	264.5	0.26
阿曼	778	1624	2592	259.2	0.26
阿塞拜疆	741	1653	2541	254.1	0.25
新加坡	3081	4527	2500	250.0	0.25
乌兹别克斯坦	626	1717	2198	219.8	0.22
约旦	358	796	1192	119.2	0.12
马来西亚	3269	7461	1095	109.5	0.11
尼泊尔	196	668	809	80.9	0.08
柬埔寨	166	500	623	62.3	0.06
格鲁吉亚	165	342	539	53.9	0.05
文莱	151	302	524	52.4	0.05
老挝	117	344	430	43.0	0.04
蒙古国	120	348	411	41.1	0.04
塔吉克斯坦	92	223	309	30.9	0.03
吉尔吉斯斯坦	74	192	268	26.8	0.03
马尔代夫	29	49	72	7.2	0.01
未分配部分	—	—	16150	1615.0	1.62
合计	239119	467446	750000	75000.0	75.00

注：表中所列成员按照《亚投行协定》可成为成员的国家；GDP 为 2014 年数据，分别按市场汇率和购买力平价计算。

资料来源：亚投行。

在域外成员中，德国是最大的经济体。国际货币基金组织数据显示，2014 年德国按市场汇率计算的 GDP 总额为 3.86 万亿美元，按购买力平价计算的 GDP 总额为 3.72 万亿国际美元。根据亚投行法定股本分配方案，德国可拥有的股份数量为 44842 股，认缴股本额为 4484.2 亿美元，占银行法定股本总额的 4.48%。德国由此成为域外最大的股东，总认缴股本额列第四位。认缴股本额占银行总额超过 3% 的域外成员还有法国、巴西和英国，分别为 3.38%、3.18% 和 3.05%。未分股份数量为 2336 股，认缴股本额为 2.336 亿美元，占银行总额的 0.23%（见表4—8）。

表4—8　　　　　　　亚投行域外成员法定股本初始认缴额分配

成员	GDP$_1$ （亿美元）	GDP$_2$ （亿国际美元）	股份数量	认缴股本 （百万美元）	份额 （%）
德国	38595	37216	44842	4484.2	4.48
法国	28469	25808	33756	3375.6	3.38
巴西	23530	32638	31810	3181.0	3.18
英国	29451	25489	30547	3054.7	3.05
意大利	21480	21277	25718	2571.8	2.57
西班牙	14069	15664	17615	1761.5	1.76
荷兰	8664	7986	10313	1031.3	1.03
波兰	5466	9545	8318	831.8	0.83
瑞士	7121	4728	7064	706.4	0.71
埃及	2864	9431	6505	650.5	0.65
瑞典	5701	4482	6300	630.0	0.63
南非	3501	7045	5905	590.5	0.59

续表

成员	GDP₁ （亿美元）	GDP₂ （亿国际美元）	股份数量	认缴股本 （百万美元）	份额 （%）
挪威	5002	3452	5506	550.6	0.55
奥地利	4371	3955	5008	500.8	0.50
丹麦	3408	2495	3695	369.5	0.37
芬兰	2712	2210	3103	310.3	0.31
卢森堡	624	514	697	69.7	0.07
葡萄牙	2300	2804	650	65.0	0.07
冰岛	167	142	176	17.6	0.02
马耳他	106	141	136	13.6	0.01
未分配部分	—	—	2336	233.6	0.23
合计	207601	217021	250000	25000.0	25.00

注：表中所列成员按照《亚投行协定》可成为成员的国家；GDP 为 2014 年数据，分别按市场汇率和购买力平价计算。

资料来源：亚投行。

◇ 第三节　投票权分配与决策机制

投票权构成

亚投行投票权分配兼顾主权平等和权责适应原则，同时还体现创始成员身份，给予创始成员一定的专享投票权。根据《亚投行协定》规定，每个成员的投票权总数是基本投票权、股份投票权以及创始成员享有的创始成员投票权的总和。全体成员的基本投票权占银行总投

票的 12%，在所有成员中进行平均分配，并且每个创始成员均享有
600 票创始成员投票权（见表 4—9）。这两项投票权的分配体现了主
权平等原则，不论经济、人口和土地等规模的大小，各成员国所得投
票权均相等。

表 4—9 　　　　　　　　　　　　亚投行投票权构成

投票权类别	份额分配	分配方法
基本投票权	12%	所有成员平均分配
股份投票权	约 85%	按股份加权分配
创始成员投票权	约 3%	每个创始成员 600 票

资料来源：亚投行。

　　每个成员的股份投票权还按照该成员持有的银行股份数进行加
权分配。对银行法定股本缴付最多的国家将拥有更大比例的股份投
票权。由于这一部分投票占银行投票权的份额最大，因此总体来
看，亚投行实行的是一种加权表决制。一般认为，加权表决制难免
有违背主权平等之嫌，但是实际上，与其说它违反了主权平等原
则，不如说这恰恰是正视国际经济关系不平等之现实的结果。这种
不平等一方面体现为发达国家与发展中国家之间权利、义务的不平
等，另一方面却也体现了各成员国（在国际金融组织中）自身权利
与义务的对等。[1]

　　如果成员不能足额缴付其任何到期的实缴股份金额，在全部缴清

---

① 廖凡：《比较视野下的亚投行贷款条件研究》，《法学杂志》2016 年第 6 期；刘
音：《国际多边开发银行政策贷款条件性的国际法问题研究》，云南美术出版社 2010
年版。

之前，其所能行使的投票权将等比例减少，减少比例为到期未缴金额与该成员实缴股份总面值的百分比。

投票权分配

由于基本投票权和创始成员投票权遵循平均分配的原则，而域内成员的法定股本份额为75%，因此域内成员的投票权占总投票权的份额不足75%，域外成员的投票权份额相应高于25%。如果按现有57个意向创始成员进行分配，则域内成员的投票权约为73.3%，域外成员的投票权约为26.7%。

在域内成员中，中国的基本投票权、创始成员投票权和股份投票权的份额总和约为26.05%，是亚投行唯一一个对重大事项拥有一票否决权的国家（见表4—10）。值得注意的是，中国在亚投行中的否决权并非法定否决权，而是事实上的否决权。这意味着随着新成员的不断加入，中国的股份和投票权份额均将被逐步稀释，从而降至25%以下，从而丧失当前所拥有的否决权。此外，中国拥有的否决权只针对重大事项，对于获得简单多数以及2/3投票权即可通过的事项也不拥有否决权。在域内成员中投票权份额超过3%的还有印度、俄罗斯、韩国、澳大利亚和印度尼西亚，分别为7.51%、5.92%、3.50%、3.46%和3.17%。由于中国、印度和俄罗斯的投票权占域内投票权的份额超过6%，按照《亚投行协定》规定的董事选举办法，三国可以分别拥有1个董事席位。

在域外成员中，德国的基本投票权、创始成员投票权和股份投票权的份额最大，约为15.52%（见表4—11）。可见，没有任何域外成员拥有否决权。但由于其投票权份额总和为26.71%，因此域外成员作为一个整体投票时，也能够对亚投行的重大事项决议进行否决。这将对域内成员的决策行为形成制衡，从而保障了域外成员的权力和利益。法国、巴西和英国的投票权份额紧随德国之后，分别约为3.19％、3.02％和2.91％（见表4—11）。同样，由于德国的投票权占域内投票权的份额超过15％，按照《亚投行协定》规定的董事选举办法，德国可以拥有1个董事席位。

表4—10　　　　　　　　　　亚投行域内成员投票权份额

成员	基本投票权（％）	创始成员投票权（％）	股份投票权（％）	总投票权（％）	占域内投票权（％）
中国	0.211	0.053	25.790	26.053	35.549
印度	0.211	0.053	7.246	7.509	10.246
俄罗斯	0.211	0.053	5.660	5.924	8.082
韩国	0.211	0.053	3.238	3.501	4.777
澳大利亚	0.211	0.053	3.197	3.460	4.721
印度尼西亚	0.211	0.053	2.910	3.174	4.330
土耳其	0.211	0.053	2.260	2.523	3.443
沙特阿拉伯	0.211	0.053	2.204	2.467	3.366
伊朗	0.211	0.053	1.369	1.632	2.227
泰国	0.211	0.053	1.236	1.499	2.046
阿联酋	0.211	0.053	1.027	1.290	1.760
巴基斯坦	0.211	0.053	0.896	1.159	1.581
菲律宾	0.211	0.053	0.848	1.111	1.516
以色列	0.211	0.053	0.649	0.913	1.245
哈萨克斯坦	0.211	0.053	0.632	0.895	1.221
越南	0.211	0.053	0.574	0.838	1.143
孟加拉国	0.211	0.053	0.572	0.835	1.140
卡塔尔	0.211	0.053	0.523	0.787	1.073
科威特	0.211	0.053	0.464	0.727	0.992

成员	基本投票权 （%）	创始成员投票权 （%）	股份投票权 （%）	总投票权 （%）	占域内投票权 （%）
新西兰	0.211	0.053	0.400	0.663	0.904
斯里兰卡	0.211	0.053	0.233	0.496	0.677
缅甸	0.211	0.053	0.229	0.492	0.672
阿曼	0.211	0.053	0.224	0.488	0.665
阿塞拜疆	0.211	0.053	0.220	0.483	0.659
新加坡	0.211	0.053	0.217	0.480	0.654
乌兹别克斯坦	0.211	0.053	0.190	0.454	0.619
约旦	0.211	0.053	0.103	0.366	0.500
马来西亚	0.211	0.053	0.095	0.358	0.488
尼泊尔	0.211	0.053	0.070	0.333	0.455
柬埔寨	0.211	0.053	0.054	0.317	0.433
格鲁吉亚	0.211	0.053	0.047	0.310	0.423
文莱	0.211	0.053	0.045	0.309	0.421
老挝	0.211	0.053	0.037	0.300	0.410
蒙古国	0.211	0.053	0.036	0.299	0.408
塔吉克斯坦	0.211	0.053	0.027	0.290	0.396
吉尔吉斯斯坦	0.211	0.053	0.023	0.286	0.391
马尔代夫	0.211	0.053	0.006	0.269	0.368
总计	7.789	1.947	63.552	73.289	100.000

注：表中所列成员按照《亚投行协定》可成为成员的国家，未分配股份未计入投票权份额。数据有四舍五入处理，与总计不严格对应。

资料来源：亚投行。

表4—11　　　　　　　　亚投行域外成员投票权分配

成员	基本投票权 （%）	创始成员投票权 （%）	股份投票权 （%）	总投票权 （%）	占域内投票权 （%）
德国	0.211	0.053	3.883	4.147	15.524
法国	0.211	0.053	2.923	3.186	11.929

成员	基本投票权（%）	创始成员投票权（%）	股份投票权（%）	总投票权（%）	占域内投票权（%）
巴西	0.211	0.053	2.755	3.018	11.298
英国	0.211	0.053	2.645	2.909	10.889
意大利	0.211	0.053	2.227	2.490	9.323
西班牙	0.211	0.053	1.525	1.789	6.696
荷兰	0.211	0.053	0.893	1.156	4.329
波兰	0.211	0.053	0.720	0.984	3.682
瑞士	0.211	0.053	0.612	0.875	3.275
埃及	0.211	0.053	0.563	0.826	3.094
瑞典	0.211	0.053	0.546	0.809	3.028
南非	0.211	0.053	0.511	0.775	2.900
挪威	0.211	0.053	0.477	0.740	2.770
奥地利	0.211	0.053	0.434	0.697	2.609
丹麦	0.211	0.053	0.320	0.583	2.183
芬兰	0.211	0.053	0.269	0.532	1.991
卢森堡	0.211	0.053	0.060	0.324	1.211
葡萄牙	0.211	0.053	0.056	0.319	1.196
冰岛	0.211	0.053	0.015	0.278	1.042
马耳他	0.211	0.053	0.012	0.275	1.029
总计	4.211	1.053	21.448	26.711	100.000

注：表中所列成员按照《亚投行协定》可成为成员的国家，未分配股份未计入投票权份额。数据有四舍五入处理，与总计不严格对应。

资料来源：亚投行。

从亚投行投票权分配的方案和结果来看，主要体现了以下三个特征：一是保障了域内国家的优先决策权。这也反映出亚投行是一个区域性的多边金融机构，是亚洲和大洋洲国家发挥主导作用并为其服务的机构。二是体现了新兴市场与发展中国家的主导作用和利益诉求。

在投票权份额分布中，新兴市场与发展中国家的投票权占 70% 以上，充分保障了新兴市场与发展中国家的话语权和决策权。三是维护了拥有股份较小的成员的利益。在 57 个可成为创始成员的国家中，有 21 个国家平均分配的基本投票权和创始成员投票权高于按股份分配的投票权。其中域内国家有 17 个，分别为斯里兰卡、缅甸、阿曼、阿塞拜疆、新加坡、乌兹别克斯坦、约旦、马来西亚、尼泊尔、柬埔寨、格鲁吉亚、文莱、老挝、蒙古国、塔吉克斯坦、吉尔吉斯斯坦和马尔代夫；域外国家有 4 个，分别为卢森堡、葡萄牙、冰岛和马耳他。亚投行所体现出来的这些特征，是对现有多边金融体系治理结构的一种创新，并在一定程度上推进了国际金融体系朝着公正、合理的方向发展。

议事程序

理事会和董事会进行决策时，需按照一定的决策程序，并满足做出决策的基本条件。其中，投票权的比例是银行决策最为重要的条件。并且，不同的事项需要达到的投票权比例也不相同。理事会讨论的事项，根据重要程度的不同，分别由全票、超级多数、特别多数和简单多数投票决定（见表4—12）。理事会的超级多数投票通过指理事人数占理事总人数 2/3 以上，且所代表投票权不低于成员总投票权 3/4 的多数通过；特别多数投票通过指理事人数占理事总人数半数以上，且所代表投票权不低于成员总投票权一半的多数通过；简单多数投票通过是指理事所代表投票权不低于成员总投票权一半的多数通过。而对于特别重大的事项，则要求理事会全票通过。

表 4—12   亚投行理事会重大事项投票规则

投票规则	决定事项
全票	·修改成员退出银行的权利 ·修改成员对股权债务的限制 ·修改成员购买增加股本的权利
超级多数	·增加银行的法定股本、调整实缴股本和待缴股本之间的比例 ·批准导致域内成员持有股本在总股本中的比例降至 75% 以下时的新加入成员 ·批准成员按照确定的条件和要求增加股本认缴 ·批准导致域内成员持有股本在总股本中的比例降至 75% 以下时的增加认缴股本 ·扩大援助的业务对象 ·根据财务状况提高银行普通业务的财务限制 ·批准将银行净收入分配用作其他用途 ·调整董事会的规模或构成 ·选举银行行长 ·中止或解除行长职务 ·中止成员资格，恢复中止不足一年的成员资格 ·终止银行业务 ·按照认缴的银行股本进行资产分配 ·修改《亚投行协定》
特别多数	·批准未交存批准书、接受书或核准书的国际复兴开发银行和亚洲开发银行成员加入亚投行 ·不按照面值发行银行股份 ·拓展融资方式 ·成立附属机构 ·决定向保存人延期交存批准书、接受书或核准书

资料来源：亚投行。

根据《亚投行协定》规定，理事会需经超级多数投票通过的事项主要有：在适当时间按适当条件，增加银行的法定股本以及确定实缴股本和待缴股本之间的比例；批准未交存批准书、接受书或核准书的国际复兴开发银行和亚洲开发银行成员加入亚投行且导致域内成员持有股本在总股本中的比例降至75%以下时的新加入成员；批准成员按照确定的条件和要求增加股本认缴；批准导致域内成员持有股本在总股本中的比例降至75%以下时的增加认缴股本；批准向任何成员或其机构、单位或行政部门，或在成员的领土上经营的任何实体或企业，以及参与本区域经济发展的国际或区域性机构或实体以外的业务对象提供援助；根据银行的财务状况随时提高上述对银行普通业务的财务限制，最高可至普通资本中未动用认缴股本、储备资金和留存收益总额的250%；批准将银行净收入分配用作其他用途；根据规定适当调整董事会的规模或构成；通过公开、透明、择优的程序选举银行行长；根据规定决定中止或解除行长职务；对于不履行对银行的义务的成员，中止其成员资格；成员资格中止不足一年时恢复成员资格；终止银行业务；在对债权人的所有负债清偿完毕或做出安排之后按照认缴的银行股本进行资产分配；修改《亚投行协定》，等等。

根据《亚投行协定》规定，理事会需经特别多数投票通过的事项主要有：未交存批准书、接受书或核准书的国际复兴开发银行和亚洲开发银行成员加入亚投行；决定以按照面值以外的其他条件银行股份；决定以明确列出的融资方式以外的其他方式融资；以实现银行宗旨和职能为目的，成立附属机构；决定向保存人延期交存批准书、接受书或核准书等。理事会需经全票通过的事项主要是修改部分重要规则，例如修改成员退出银行的权利、修改成员对股权债务的限制以及修改成员购买增加股本的权利等。而对于未明确规定的事项，一般以简单多数决定。

在董事会投票时，每名董事均有权行使选举其担任董事以及将投票权委派给其的理事所拥有的投票权，有权代表一个以上成员投票的董事可代表这些成员分开投票。董事会讨论的所有问题，均由所投投票权的简单多数决定，但有明确规定的除外。例如，董事会根据银行政策决定银行主要业务和财务政策以及向行长下放权力，决定授予行长负责银行业务的相关权力等需以不低于成员总投票权 3/4 的多数通过；出席董事会会议的董事人数超过半数，且其代表的投票权不低于成员总投票权的 2/3 时，即构成任何董事会会议的法定人数（见表4—13）。

表 4—13　　　　　　　　亚投行董事会重大事项投票权要求

投票规则	决定事项
不低于 3/4	根据银行政策决定银行主要业务和财务政策以及对此向行长授权 决定授予行长负责银行业务的相关权力
不低于 2/3	召开董事会会议

资料来源：亚投行。

◇ 第四节　业务运营规则

银行业务及其对象

亚投行的业务包括普通业务与特别业务，分别由银行普通资本和特别基金提供融资。在持有、使用、承诺、投资或作其他处置时，普通资本和特别基金独立运作，在银行的财务报表中分别列出，任何情况下银行普通资本都不得用以缴付或清偿由特别基金担负或承诺的特别业务或其他活动发生的支出、亏损或负债，并且普通业务和特别业务直接发生的支出分别由普通资本和特别基金列支。①

亚投行的业务对象包括各成员及其机构、单位和行政部门，在成员的领土上经营的实体和企业以及参与本区域经济发展的国际和区域性机构和实体。对于上述业务对象以外的援助业务，需经理事会批准才可施行。银行开展业务的方式包括：直接贷款、联合融资或参与贷款；参与机构或企业的股权资本投资；作为直接或间接债务人，全部或部分地为用于经济发展的贷款提供担保；根据特别基金的使用协定，配置特别基金的资源；在符合银行宗旨和职能的情况下，银行可提供技术咨询、援助及其他类似形式的援助；其他经理事会批准的融资方式。②

根据亚投行的宗旨和职能，直接贷款是亚投行的核心业务。对于开发性金融机构，其贷款一般以中长期贷款为主，期限可达 10—20 年，甚至在一些多边开发机构和国家政策性银行的贷款期限达到 20—40 年的贷款期限是能够见到的。亚投行的中长期贷款相对以吸纳短期存款为主的商业银行来说具有期限优势，在利息上则可以采取市场化原则，以确保一定的营利水平。对于确实需要优惠的项目以及向欠发达国家的贷款，可以考虑长期低息的援助性贷款，也即是通常所说的软贷款。在亚投行建立初期，为争取机构尽快实现盈利以实现可持续发展，主要贷款业务的期限和利率应该适中，不宜发放较多的软贷款。在贷款业务的运作上，亚投行可以采取灵活的手段与其他金融机构开展合作，例如开展银团贷款、贷款转包和异地合作等。

---

① 其他支出的列支由银行另行决定。
② 参见《亚洲基础设施银行协定》第十一条、第十五条。

开发性金融机构的中长期贷款项目中，大多都与商业性金融机构组建银团贷款。亚投行作为一个新成立的国际金融机构，与其他银行组成银团贷款，可以增加项目的资金来源，并借助其他银行的现有客户资源和风险管理机制来降低运营成本，提高风险管理和信贷管理水平。对于政府扶持的大型基础设施项目的融资，贷款转包有利于吸引市场资金以及尽快收回政府投资。亚投行与项目所在地政府共同进行先期投资的项目，在项目建成后通过转让、承包、联合融资、信用担保等形式将设施运营阶段的融资任务转让给当地商业性金融机构以收回政府的先期投资资金，用于新项目的建设。亚投行还可与项目所在地的商业性金融机构签订异地合作协议，由这些机构为项目提供流动资金、周转贷款、临时贷款、结算代理以及从结算账户中协助回收本息等方面的服务。

亚投行的中间业务包括担保业务、咨询业务和信托业务。现有主要多边开发性金融机构都有不同形式的担保业务。例如，世界银行集团下属的国际金融公司与中国的兴业银行开展了两期规模为 1.25 亿美元的贷款本金风险分担业务，支持兴业银行的绿色能效贷款。当这些贷款出现损失时，国际金融公司承担 50% 的责任。亚投行的担保业务，主要支持其他金融机构用于经济发展的贷款，有利于开拓商业银行的金融资源。目前，咨询业务虽然不是亚投行的主要业务领域，但这一业务的拓展，有利于提升亚投行的全球影响力。例如，世界银行和亚开行不仅发挥了重要的投融资功能，也发挥了重要的智库功能。这些咨询业务不仅影响了许多国家和地区的经济社会发展政策的制定，也有利于多边金融机构在相关国家和地区发现新的商机，从而获得相对于其他机构的竞争优势。此外，随着治理水平的提升，亚投行还将不断拓展信托业务，吸引公共和私人机构的信托基金用于项目投资。

此外，联合融资也是亚投行筹集资金的重要途径之一。为了筹集更多的资金用于项目建设，一些多边开发机构的联合融资比例不断提升。例如，2010 年亚开资助规模为 179.36 亿美元，其中联合融资额为 51.62 亿美元，占当年资助总额的比例为 28.8%；2014 年亚开行资助规模为 229.25 亿美元，其中普通资本、特别基金和联合融资分别提供 104.38 亿美元、32.50 亿美元和 92.37 亿美元，联合融资占当年资助总额的比例为 40.3%，较 2010 年提高了 11.5 个百分点。[①] 可见，联合融资业务的开展能为亚投行提供更为广阔的业务空间。

业务原则与融资条件

根据《亚投行协定》规定，银行开展业务需遵循以下原则：一是稳健运营原则，即银行应按照稳健的银行原则开展业务；二是合规合意原则，即银行业务范围主要限定在特定项目或特定投资规划融资、股权投资以及符合银行宗旨和职能的技术援助；银行业务均符合银行的业务和财务政策，尤其是环境和社会影响方面的政策；银行在成员境内开展融资业务需征得该成员的同意。三是审慎融资原则，即银行审议融资申请时，应在综合考虑有关因素的同时，适当关注借款人以银行认为合理的条件从别处获得资金的能力；在提供或担保融资时，应适当关注借款人及担保人未来按融资合同规定的条件履行其义务的可能性；在提供或担保融资时，应采取银行认为对该项融资和银行风险均适宜的融资条件，包括利率、其他费用和还本安排；在使用其提

---

① ADB, *Annual Report* 2014: *Improving Lives throughout Asia and the Pacific*, 2014.

供、担保或参与的融资资金时，应采取必要措施保证资金仅用于融资所规定的目标，并应兼顾节约和效率。四是攸关方平等原则，即银行不应对普通业务或特别业务中银行融资项目的货物和服务采购进行国别限制；应尽可能避免不均衡地将过多资金用于某一或某些成员的利益。五是投资多样化原则，即银行应设法保持其股权资本投资的多样化。除非出于保护其投资的需要，否则银行在其股权投资项目中，对所投资的实体或企业不应承担任何管理责任，也不应寻求对该实体或企业的控制权（见表4—14）。

表4—14　　　　　　　　　　　　　亚投行的业务原则

序号	基本原则	具体内容
1	稳健运营原则	·应按照稳健的银行原则开展业务
2	合规合意原则	·业务范围为特定项目或特定投资规划融资、股权投资以及特定的技术援助 ·符合银行的业务和财务政策 ·成员境内开展的融资业务需征得该成员的同意
3	审慎融资原则	·审议融资申请时，应综合考虑有关因素，适当关注借款人资金获得能力 ·提供或担保融资时，应适当关注借款人及担保人履行义务的可能性 ·提供或担保融资时，应采取适宜的融资条件 ·使用融资资金时，应资金仅用于融资所规定的目标
4	攸关方平等原则	·不应对普通业务或特别业务中银行融资项目采购进行国别限制 ·尽可能避免部分成员不均衡地获取过多资金
5	投资多样化原则	·应设法保持其股权资本投资的多样化

资料来源：亚投行。

在发放、参与或担保贷款时，亚投行依照上述业务原则及其他相关规定，并充分考虑保障银行收益和财务状况的需要，订立合同明确该贷款或担保的条件。当贷款或担保对象并非亚投行成员时，银行可以要求该项目执行所在地的成员，或者银行接受的该成员某个政府机构或其他机构，为贷款本金、利息和其他费用的按期如约偿还提供担保。同时，亚投行还要求任何股权投资的金额不得超过董事会通过的政策文件所允许的对该实体或企业进行股权投资的比例。此外，亚投行可以按照有关货币风险最小化的政策规定，使用一国的本币为银行在该国的业务提供融资。

银行资金管理

亚投行管理的资金包括普通资本和特别基金。其中，普通资本包括成员认缴的银行法定股本、根据相关法律规定在成员国或其他地方通过发债或其他方式筹集的资金及其用于发放贷款或担保的偿付所得或进行股权投资和其他类型融资的所得收益，使用上述资金发放贷款或对催缴的待缴股本的兑付承诺进行担保获得的收入，以及获得的不属于特别基金的其他资金或收入；特别基金包括接收并纳入特别基金的资金，用特别基金发放或担保的贷款所得及其股权投资的收益，特别基金资金投资产生的收入以及可由特别基金支配使用的其他资金。

在资金筹集和使用上，亚投行拥有以下权力：通过发行债务或其他方式筹集资金；对银行发行或担保或投资的证券进行买卖；为其投资的证券提供担保；承销或参与承销任何实体或企业发行的、目的与银行宗旨一致的证券；将业务经营未使用资金进行投资或存储；对发行或担保证券的发行方进行标注；在信托基金的目标与银行宗旨和职能一致的前提下接受其他相关方的委托，成立并管理该信托基金；为实现银行宗旨和职能为目的成立附属机构；以为实现银行宗旨和职能所需的其他权力，并制定相应规章。

在净收入分配和处置以及债务偿还上，亚投行也制定了相应的规定。对于净收入的分配和处置，亚投行理事会至少每年都应在扣除储备资金之后，就银行净收入在留存收益或其他事项以及可分配给成员的利润之间的分配做出决定，并按照各成员的持股比例以合适的方式和货币进行分配。为了保障财务稳健和风险可控，亚投行将保持适当的拨备水平以应对其发放、参与或担保的贷款出现拖欠或违约以及投资的股权或其他融资可能发生的损失。对于普通业务发生的损失，依次以拨备金、净收入、储备资金和留存收益、未动用实缴股本、待缴股本予以支付。

第 五 章

愿景使命:亚投行与区域互联互通

◇ 第一节　亚洲互联互通远景规划

在亚投行成立之前，亚洲或亚太地区已经存在不少与互联互通有关的计划与蓝图。总体来看，这些计划彼此并不排斥，在理念上也多有共通之处，一些已经进入项目实际操作之中。亚投行的互联互通规划将与已有的规划相互兼容、互为补充，凭借其潜在的强大行动力，亚投行将推进亚洲互联互通远景规划尽快全面付诸实现。

联合国亚太经社理事会：泛亚洲计划

联合国亚太经济社会委员会（UNESCAP）1992 年设立的亚洲陆地交通基础设施发展计划（ALTID）是亚洲互联互通领域较早的重要设想，其中相当部分已经付诸实施。这个计划包括三个部分：亚洲公路计划（AH）、泛亚铁路网计划（TAR）以及通过多式联运站（无水内陆港）的陆路交通便利化项目。

亚洲公路计划的目标是建设 141271 公里的标准公路，包括 155

条跨境公路。这些公路纵横交错于 32 个亚洲国家[①]，力争改善它们之间的经济联系。亚洲公路网由亚洲境内具有国际重要性的公路线路构成，包括大幅度穿越东亚和东北亚、南亚和西南亚、东南亚以及北亚和中亚等一个以上次区域的公路线路；在次区域范围内、包括那些连接周边次区域的公路线路，以及成员国境内的那些亚洲公路线路，它们通向：各首府；主要工农业中心；主要机场、海港与河港；主要集装箱站点；主要旅游景点。

亚洲公路网的线路编号以 "AH" 开头，表示 "亚洲公路"，后面接一个一位数、两位数或三位数。从 1 到 9 的一位数线路编号分配给大幅度穿越一个以上次区域的亚洲公路各线路。两位数和三位数的线路编号用于标明次区域范围内的线路，包括那些连接周边次区域以及成员国境内的公路线路。具体情况是：10—29 号和 100—299 号线路编号分配给东南亚次区域，包括文莱、柬埔寨、印度尼西亚、老挝、马来西亚、缅甸、菲律宾、新加坡、泰国和越南；30—39 号和 300—399 号线路编号分配给东亚和东北亚次区域，包括中国、朝鲜、日本、蒙古国、韩国和俄罗斯（远东）；40—59 号和 400—599 号线路编号分配给南亚次区域，包括孟加拉国、不丹、印度、尼泊尔、巴基斯坦和斯里兰卡；60—89 号和 600—899 号线路编号分配给北亚、中亚及西南亚，包括阿富汗、亚美尼亚、阿塞拜疆、格鲁吉亚、伊朗、哈萨克斯坦、吉尔吉斯斯坦、俄罗斯、塔吉克斯坦、土耳其、土

[①] 分别是阿富汗、亚美尼亚、阿塞拜疆、孟加拉国、不丹、柬埔寨、中国、格鲁吉亚、印度、印度尼西亚、伊朗、哈萨克斯坦、朝鲜、韩国、吉尔吉斯斯坦、老挝、日本、马来西亚、蒙古国、缅甸、尼泊尔、巴基斯坦、菲律宾、俄罗斯、新加坡、斯里兰卡、塔吉克斯坦、泰国、土耳其、土库曼斯坦、乌兹别克斯坦和越南。

库曼斯坦和乌兹别克斯坦。①

泛亚铁路网计划的目标是建设 141000 公里跨越 28 个国家②的铁路，在各个位置与泛欧铁路网相连，将亚洲和欧洲的主要港口连接起来，从而使内陆国家能够更好地直接或通过公路与海港相连接。亚洲 18 个国家的代表于 2006 年 11 月 10 日在韩国釜山正式签署《亚洲铁路网政府间协定》。2009 年 6 月 11 日协定正式生效。根据协定，亚洲国家将建设和连通 4 条、总长度为 8.1 万公里的泛亚铁路动脉。四条通道分别是北部通道、南部通道、北南通道和东盟通道。

其中北部通道全长 3.25 万公里，可连接欧洲和太平洋，全线跨越朝鲜半岛、俄罗斯、中国、蒙古国和哈萨克斯坦，直抵欧洲门户。这条路线大部分与西伯利亚大铁路重合，已经具备一定的基础。南部通道以中国南部为起点，途经缅甸、印度、伊朗等国到达土耳其，全长 2.26 万公里，横贯中国和印度这两个地区大国。南部通道基础薄弱，伊朗东部、印缅、缅甸与泰国、泰国至云南的铁路都还没有建成。北南通道全长 1.32 万公里，从芬兰的赫尔辛基出发，通过俄罗斯到里海，然后分成三路：西路经过阿塞拜疆、亚美尼亚和伊朗西部；中路通过海运直穿里海到达伊朗；东路从哈萨克斯坦、乌兹别克斯坦、土库曼斯坦到伊朗东部。三条路线在伊朗首都德黑兰交会，然后延伸到伊朗港口。北南通道基础也不佳，中亚、伊朗到亚美尼亚、亚美尼亚到阿塞拜疆的铁路缺失。东盟通道全长 1.26 万公里，过境

---

① http://www.un.org/chinese/documents/decl-con/docs/XI_B_34.htm.
② 分别是阿塞拜疆、孟加拉国、白俄罗斯、柬埔寨、朝鲜、韩国、格鲁吉亚、印度、印度尼西亚、哈萨克斯坦、吉尔吉斯斯坦、老挝、马来西亚、蒙古国、缅甸、尼泊尔、巴基斯坦、中国、波兰、俄罗斯、塔吉克斯坦、泰国、土耳其、土库曼斯坦、新加坡、斯里兰卡、乌兹别克斯坦和越南。

国家包括柬埔寨、老挝、马来西亚、缅甸、越南、泰国、新加坡和印度尼西亚。印度尼西亚是整个铁路网的最南端。该路线将成为连接东盟成员国和中国的桥梁。东盟通道目前共有三个方案，一是东线方案，由新加坡经吉隆坡、曼谷、金边、胡志明市、河内到昆明；二是中线方案，由新加坡经吉隆坡、曼谷、万象、尚勇、祥云到昆明；三是西线方案，由新加坡经吉隆坡、曼谷、仰光、瑞丽到昆明。在三个方案中，铁路都需要经过泰国，三条线都由昆明出发经不同路线至曼谷后用同一路线到新加坡。①

泛亚洲计划的第三个支柱"陆路交通便利化"，涉及通过改善物流和联合运输接口，实现公路、铁路、海运和航空线路互连。其重点是通过海港实现亚洲公路和泛亚铁路网互连，以及在内陆国家建设"无水港"②。

总的来看，联合国亚太经济社会委员会的泛亚洲计划主要还是陆路运输通道建设为主的互联互通计划，其实施责任主体主要是各主权国家，通过参与国缔结政府间协议的方式制订具体计划。联合国亚太经济社会委员会是这些协议的秘书处。2008 年 4 月，联合国亚太经济社会委员会亚洲交通部长论坛设立并决定每 2—3 年举行一次会议，2009 年和 2013 年在泰国曼谷分别召开了首届和第二届论坛。亚洲交通部长论坛的目标是促进更紧密合作和增加成员体之间的部长级交流，为处理陆路交通的组织和运营提供战略指导，其中包括基础设施

---

① 参见邵宇《泛亚铁路、高铁外交与全球化 4.0》，《证券时报》2014 年 8 月 30 日 A03 版。

② 联合国亚太经济社会委员会将"无水港"定义为具备与海港相似的货物集散功能的内陆场所。它分为三类供开展边境贸易并提供全方位海关服务的方式可互换的运输设施：无水港、内陆集装箱中转站以及货运村。无水港可以处理各类货物，而内陆集装箱中转站则只能处理集装箱。

及其技术工作以及交通业务经济和商业方面的指导。部长需要商讨和给予指导的领域包括：发展交通基础设施；交通便利化；交通物流；公路安全；一般政策问题。①

亚洲开发银行："无缝"亚洲愿景

亚洲开发银行是较早对亚洲区域互联互通特别是基础设施联通开展评估、研究并提出合作框架的机构。2009 年，亚开行研究院发布了《亚洲基础设施建设》研究报告，提出的长期愿景是创建一个"无缝"的亚洲——一个由世界级环境友好型基础设施网连通的一体化区域——既有"硬件"（工程性）又有"软件"（便利化）基础设施。其中硬件基础设施主要指即永久性建筑、设备和设施（包括维护）及其所提供的经济服务，软件基础设施主要指支持硬件基础设施建设和运行的政策、法规和制度框架。②

根据亚开行研究院的测算，投入需求方面，2010—2020 年，亚洲需要向国家基础设施建设进行总额约为 8 万亿美元的投资。此外，亚洲还需要向交通和能源管线等具体部门基础设施项目投资约 2900 亿美元。在这些地区项目中，有 21 个优先项目计划在 2015 年以前付诸实施，当时确定的成本为 150 亿美元。这些优先项目的成功实施，及其带来的广泛区域收益，将对进一步加强区域基础设施联网产生强大的推动力。在这 11 年中，基础设施投资总需求约为每年 7500 亿美元。预期产出方面，亚开行研究院预计，改善该地区联网，将增加进

①　亚洲开发银行研究院编：《亚洲基础设施建设》，邹湘、智银风等译，社会科学文献出版社 2012 年版，第 91—92 页。

②　同上书，第 10 页。

入市场的机会，降低贸易成本，实现能源更有效率的生产和使用，从而为亚洲带来极大福利。如果在 2010—2020 年建设泛亚联网所需要的投资能够投向区域交通、通信和能源基础设施，那么亚洲发展中经济体同期及以后的实际收入将达到 13 万亿美元。①

亚洲互联互通长期以来是以市场导向、自下而上的方式在推进，但亚开行认为，亚洲互联互通作为一种公共产品，单个国家独立供给的效益低于这一领域集体行动所能够实现的效益。它提出了六条理由。第一，区域连通性是一种公共产品，尽管这样做可以扩大市场和贸易，但由市场或单个政府提供会出现供给不能达到最优水平的状况。第二，由于大型网络和集聚效应的存在，跨区域连通性将产生跨境溢出效应，需要不同国家之间通过协调来简化程序、降低成本。第三，跨境互联互通产生的收益和为此支付的成本，需要在各国之间有效分配。第四，互联互通过程中可能面临的毒品、环境破坏、交通事故、贩卖人口、流民等跨境问题的治理也需要国际合作。第五，通过分享知识、遵循最佳实践的国际规则等国际合作，可以限制国内利益集团的狭隘利益，增加国家决策的价值。第六，亚洲向低碳经济转型需要互联互通的支持，这种转型涉及的应对气候变化挑战等问题需要国际协调。②

亚开行研究院在报告中提出了建立"无缝"亚洲的长期愿景。在此愿景下，亚洲将成为一个友好型基础设施网连通的一体化区域，将国家市场与其独特优势联系起来，促进经济强劲和可持续增长，满足人民的基本需求，从而帮助减少贫困。具体的内容包括：建设由世界

---

① 亚洲开发银行研究院编：《亚洲基础设施建设》，邹湘、智银风等译，社会科学文献出版社 2012 年版，第 2 页。

② 同上书，第 14 页。

一流的环境友好型互联公路、铁路、海运和空运线路构成的区域交通网，以促进地区内部及与全球市场的贸易和投资，扩大市场准入和公共服务，从而促进共享式可持续经济增长并减少贫困；开发更加环保的跨境能源项目，使各国能够从自然资源禀赋中获益，提供高效安全的电力、煤炭、天然气、石油及替代能源；通过简化政策、制度和程序，如通关手续和其他妨碍区域及全球连通的行政障碍，进一步提高区域生产网和供应链的效率；发展稳定高效的区域金融市场，以引导亚洲及世界其他地区的储蓄在本地区进行生产性投资，特别是基础设施投资。[①]

为实现上述愿景，亚开行建议设立泛亚基础设施论坛，来实施达成协调一致的基础设施战略。泛亚基础设施论坛的目标参与者包括亚洲各次区域项目成员代表、互联互通领域相关领先企业的管理人员、为区域基础设施项目融资（如亚行、世界银行和日本国际协力银行/日本国际协力机构）和协调区域基础设施（如联合国亚太经济社会委员会）的主要国际和区域机构的代表等。泛亚基础设施论坛的作用包括：与区域金融和发展机构一起，帮助制定协调一致的亚洲区域基础设施战略，包括能源和交通政策；确定区域基础设施项目，排列区域基础设施网络发展的优先顺序；促使各参与国达成共识；管理利益相关者之间的协调工作，促成利益相关者之间的合作；为缺乏话语权的亚洲小国和欠发达国家提供平台；交流相关信息和经验，从而减少各利益相关者之间的信息不对称；开展研究，分享知识和最佳做法，协助开展有关区域基础设施问题的能力建设；尽量根据国际最佳做法制定统一标准；制定减轻社会和环境

---

① 亚洲开发银行研究院编：《亚洲基础设施建设》，邹湘、智银风等译，社会科学文献出版社 2012 年版，第 15 页。

负面影响的通用方法。①

　　亚开行和世界银行等在其中可能发挥的作用包括：作为金融机构提供贷款和其他降低风险的工具（如担保），并帮助调动其他发展合作伙伴（包括私营部门）的资源；作为知识合作伙伴和技术顾问，可以提供专业建议，分享区域和国际经验教训，并根据各国的具体需求和条件提供相应知识；作为能力建设者，可以为国家及区域和次区域机构的发展提供帮助，强化其管理跨国基础设施的机构能力和人员能力，尤其是在财务管理和支持软件和制度方面；作为公正的中间人，它们可以发挥催化剂的作用，促使各国和其他利益相关者协调合作，促进有利于各国求同存异的对话，从而巩固跨国互联互通。②

　　亚太经济合作组织：互联互通蓝图

　　2014 年 11 月，APEC 第 22 次领导人非正式会议在北京召开。《亚太经合组织互联互通蓝图（2015—2025）》作为会议宣言的第四个附件发布。③ APEC 互联互通蓝图像亚开行的愿景一样，都强调了硬件和软件的互联互通，除此之外，APCE 蓝图还强调了人员交往的互联互通，将其列为与硬件互联互通、软件互联互通并列的三大支柱之一。目前，硬件联通方面，亚太地区的域内基础设施及信息通信技

---

　　① 亚洲开发银行研究院编：《亚洲基础设施建设》，邹湘、智银风等译，社会科学文献出版社 2012 年版，第 104 页。

　　② 同上书，第 108 页。

　　③ 亚太经合组织互联互通蓝图（2015—2025），http：//finance. people. com. cn/n/2014/1112/c1004 - 26007967. html。

术设施的普及和质量仍不均衡；软件联通方面，由于各种管理限制或能力差距，现有规制在促进互联互通方面仍有很大不足；人员交往互联互通方面，需要减少人员交往和流动障碍，为促进人员顺畅流动而共同努力。为了解决这些问题，APEC 制定了 2015—2025 年互联互通蓝图。

APEC 的蓝图与亚开行的"无缝"亚洲愿景有相似之处。APEC 蓝图提出要在 2025 年前完成各方共同确立的倡议和指标，加强硬件、软件和人员交往互联互通，实现无缝、全面联接和融合亚太的远景目标。

在硬件互联互通方面，APEC 提出将重点改善投资环境，通过公私伙伴合作关系及其他渠道加强亚太经合组织经济体基础设施融资。在评估基础设施项目建议时，采用包含关键质量要素的综合评估方式。在规划和实施基础设施项目时，加强运用良好实践，倡导以人为本的投资。APEC 财长机制指导下，已经设立了公私伙伴合作关系专家咨询小组为成员经济体提供协助。APEC 将在互联互通蓝图框架下，建设、维护和更新高质量的基础设施，包括能源、信息通信技术及交通运输基础设施。寻求提高亚太经合组织运输网络的质量和可持续性，进一步普及宽带网络，促进可持续能源安全，加强能源基础设施的韧性。APEC 还将促进海上交通运输的高效和有效运作，将加强航空运输合作，增强贸易与人员交往联通，并通过分享成功经验和良好实践提高航空互联互通的效率和安全性。信息通信技术也是硬件互联互通的重要环节。APEC 建议加强信息共享，改善通信技术，利用现有技术缩小数字鸿沟，加强区域互联互通，促进使用信息通信技术资源。APEC 的硬件互联互通还包括能源贸易与环境可持续性等领域有关的互联互通设施建设，目前将以非约束性方式探讨拓展跨境能源贸易和可再生能源等理念，APEC 致力确保所有经济体都有高品质电力供应。

在软件互联互通方面，APEC 将采取共同行动，解决贸易便利化、结构和规制改革、交通及物流便利化等领域的重大问题。具体包括，实现海关和边境管理机构现代化，推进政府整体框架下的规制建设，包括加强监管、标准制定和贸易主管机构之间的协调沟通；支持各成员经济体 2020 年建立"单一窗口"系统，并保证各"单一窗口"的标准化和无纸化。APEC 将通过分享最佳实践和规制案例，实施规制合作有关倡议。发挥好已有的产业对话等机制的作用。互联网是各经济体实施良好规制实践的有效工具（如保障内部规制工作协调，评估法规制度影响，以及开展公共咨询等）。APEC 各经济体倡导进一步探索利用互联网手段，开展良好规制实践，包括互联网时代规制公共咨询的倡议。在经济结构改革领域，"亚太经合组织商业便利化多年期项目"为各经济体开展因地制宜能力建设提供便利，帮助实现运营成本、速度、难度等商业便利化指标改善 25% 的意向性目标。为实现上述目标，APEC 各成员致力于推动自身政策与现有国际条约一致化，并同意考虑将商业便利化工作延续至 2020 年。APEC 成员还承诺在亚太培育透明、可靠、公平竞争和运作良好的市场，包括电子商务领域。致力于在 2025 年前扩展安全可靠的信息通信技术和商务环境。将通过提高竞争力和生产力水平，完善监管体系，促进商业便利化等措施，应对"中等收入陷阱"。

在人员交往互联互通领域，APEC 成员致力于便利人员跨境流动和创新理念交流，积极讨论商务旅行、跨境教育、旅游便利化和专业技术人才流动等问题。APEC 成员承诺继续扩大亚太经合组织商务旅行卡持有者数量，提高旅行卡效用和效率。承诺推进跨境教育合作，认识到学生、研究人员、教育提供者的流动有助于加强区域联系，促进人文交流，并通过知识和技能的传播推动经济发展，决定在 2020 年前实现亚太经合组织范围内跨境学生交流每年 100 万人的目标，并增加赴发展中经济体留学的学生数量。各成员将努力在 2025 年前实现亚太经合组织地区接待游客人数达到 8 亿人次的目标。为减少游客旅游成本和旅游不稳定因素，承诺制定"亚太经合组织区域旅游从业者行为规范"，增加旅游便利化。APEC 成员还将加强亚太经合组织文化交流活动，力争在 2017 年前实现每个亚太经合组织经济体在其他经济体每年至少举办一场文化推广活动。APEC 各成员决定推进跨境科技和创新交流工作。APEC 还设立了"亚太经合组织创新、研究与教育科学奖"，授予同其他亚太经合组织经济体科学家开展合作、并展现出卓越科研品质的年轻科学家。在专业技术人才流动领域，APEC 成员欢迎设立交通和物流行业专业资质认定标准的倡议，更精确评估来自其他亚太经合组织经济体专业技术人才的技能水平。亚太经合组织未来可在目前已有各类双边资质互认协议基础上，增加域内双、多边互认协议数量。职业技能和资质互认对促进专业技术人才流动具有重要作用。为加强政策应对的针对性，有必要收集和分析技能差异和劳动力市场失衡方面及时而准确的信息。APEC 成员还承诺通过人力资源开发加强人员交往互联互通，支持《亚太经合组织通过人力资源开发提高就业质量，加强人员交往互联互通工作计划》。

不难看到，APEC 的互联互通蓝图吸收了亚开行愿景中硬件与软件互联互通的不少元素，但蓝图相关倡议的约束力距离亚开行愿景所设想的泛亚基础设施论坛要更松散一些。APEC 领导人虽然指示了部长和高官做出专门安排和规定，对蓝图落实情况进行监督、评估和审议，并在 2020 年对蓝图进行中期审评，但并不具备强制力。

亚投行：从愿景到现实

　　亚投行的工作是在已有地区互联互通规划及蓝图基础之上开展的，并不是要推翻前人的计划、标准来另起炉灶。亚投行的重要意义在于把现有的规划更好地划分顺序、落到实处。从中国发起的推动"一带一路"建设倡议来看，亚投行是在"一带一路"框架下推进的。中国国务院授权国家发改委、商务部、外交部联合发布的《推动共建丝绸之路经济带和 21 世纪海上丝绸之路的愿景与行动》中明确提出共同推进亚洲基础设施投资银行筹建。服务于"一带一路"建设，是亚投行的重要职能。

　　一带一路倡议对互联互通的规划分为五个方面，分别是政策沟通、设施联通、贸易畅通、资金融通和民心相通。其中，政策沟通是要加强政府间合作，积极构建多层次政府间宏观政策沟通交流机制，深化利益融合，促进政治互信，达成合作新共识。亚投行可以为政府之间的政策沟通提供平台和技术支持。帮助沿线各国政府就经济发展战略和对策进行充分交流对接，共同制定推进区域合作的规划和措施，协商解决合作中的问题，共同为务实合作及大型项目实施提供政策支持。

　　设施联通包括交通基础设施互联互通、能源基础设施互联互通、跨境通信网络建设以及这些设施背后的规划、技术标准体系的对接等等，同时还要强化基础设施绿色低碳化建设和运营管理，在建设中充分考虑气候变化影响。亚投行可以联合其他开发性金融机构，撬动私人部门共同为基础设施互联互通融资。尤其是优先为那些关键通道、关键节点、重点工程和瓶颈路段或地带的项目提供资金支持。

贸易畅通即要着力研究解决投资贸易便利化问题，消除投资和贸易壁垒，构建区域内和各国良好的营商环境，积极同相关国家和地区共同商建自由贸易区，激发释放合作潜力，做大做好合作"蛋糕"。亚投行推进基础设施建设，将直接降低区域内贸易投资的交易费用，这将有利于扩大贸易投资规模。亚投行提供的协商平台，也可以为区域贸易议题及贸易投资协定的讨论提供场所和技术与智力支持。亚投行带来的治理改善，将为区域营商环境的改进提供帮助。

资金融通旨在深化金融合作，推进亚洲货币稳定体系、投融资体系和信用体系建设。扩大沿线国家双边本币互换、结算的范围和规模。推动亚洲债券市场的开放和发展。还要加强金融监管合作，逐步在区域内建立高效监管协调机制，构建区域性金融风险预警系统，形成应对跨境风险和危机处置的交流合作机制。亚投行作为区域重要的新兴金融主体，将为地区融资做出直接贡献。此外，亚投行在地区各国项目的风险评估数据，也可以为地区金融风险预警体系提供基础资料。

民心相通包括广泛开展文化交流、学术往来、人才交流合作、媒体合作、青年和妇女交往、志愿者服务、旅游合作、公共卫生合作、科技合作、政党与议会交流、民间组织合作等等。亚投行作为多边金融机构，其本身即包括多元文化的交流与沟通。亚投行的运营管理活动会涉及不同国家，也将增进与不同国家交流的机会。

从亚投行所要支持的"一带一路"的"五通"来看，很多内容与联合国亚太经社理事会、亚开行及APEC的内容存在交集，比如都重视交通基础设施的联通。又如，亚投行的"五通"实际上也包括硬件、软件与人员交往等层面的内容。

亚投行的互联互通蓝图与其他远景规划相比也有不一样的地方。

比如，在区域范围设定上，亚投行协定规定，"本协定中凡提及'亚洲'和本区域之处，除理事会另有规定外，均指根据联合国定义所指的属亚洲和大洋洲的地理区划和组成"，"银行可以向任何成员或其机构、单位或行政部门，或在成员的领土上经营的任何实体或企业，以及参与本区域经济发展的国际或区域性机构或实体提供融资"。这个范围不仅包括亚洲与大洋洲，而且欧洲、非洲的亚投行成员也在业务范围之内。不仅如此，域外非成员的经营实体或企业如果在成员领土上经营，同样有机会从亚投行获得融资。这意味着美国等尚未加入亚投行的国家的企业，也并未被排除在亚投行项目之外。这比联合国亚太经社理事会泛亚洲计划等所指的亚洲大陆国家要广泛得多。

除了范围之外，在业务领域也有差异。世界银行、亚开行等现有多边开发机构的目标更加广泛。例如，世界银行致力于终结极度贫困和促进共享繁荣，让社会中较贫困阶层的福祉实现可持续增长。其业务除了为基础设施融资外，还包括支持教育、卫生、公共管理、金融和私营部门发展、农业以及环境和自然资源管理等诸多领域的投资。2013 年，世界银行 315 亿美元的总贷款中有 34% 投向了中亚之外的亚太地区；分部门来看，有 37% 的贷款流向基础设施，其中能源和采矿部门占 13%，交通运输部门占 15%，供水、环卫和防洪部门占 8%，信息和通信部门占 1%。而亚开行的宗旨是通过发展援助的方式帮助亚太地区发展中成员消除贫困，促进亚太地区经济和社会发展，其核心工作领域包括：基础设施、环境、区域合作和一体化、金融部门发展以及教育。亚行估计其 80% 的业务都将隶属这五大核心领域。① 2013 年，亚开行承诺贷款 101.9 亿美元，主要流向印度、中

---

① 亚洲开发银行：《2020 战略：亚洲开发银行 2008—2020 年长期战略框架》，2008 年。

国、巴基斯坦、印度尼西亚、菲律宾、孟加拉国、乌兹别克斯坦和越南 8 个国家，合计比重达到 85.7%；分部门来看，流向基础设施部门的贷款占 63%，其中能源部门占 26.35%，交通运输和信息通信技术占 25.95%，供水和其他市政设施服务占 10.72%。①

与世界银行和亚开行相比，亚投行的业务领域更加集中于基础设施建设。与每年超过 7000 亿美元的亚洲地区基础设施投资需求相比，世界银行和亚开行每年大约 100 亿美元的基础设施贷款能力显著不足，这为致力于基础设施互联互通投资的亚投行提供了充分的业务空间。亚投行可以与它们合作共同实现亚洲互联互通蓝图。

◇ 第二节 亚投行与政策沟通

亚投行是专业机构，凭借其专业性，亚投行可以为本区域及成员国政府提供智力支持，也可以增加各成员政府之间的政策沟通与交流。亚投行协定第十五条明确指出，"在符合银行宗旨和职能的情况下，银行可提供技术咨询、援助及其他类似形式的援助"。作为新设立的开发机构，亚投行有必要向现有的机构学习参与政策沟通的经验。

世界银行：知识中介与发展融资守门人

世界银行通过扮演两个角色来实现政策沟通。第一个是知识中介

---

① 黄梅波、陈娜：《亚洲基础设施投资银行的运营空间及竞争力分析》，《海外投资与出口信贷》2015 年第 4 期。

的角色。世界银行出版或发布了很多书籍和研究报告，来创造关于发展的舆论环境。许多国家从世界银行发布的书籍和报告中获得关于经济政策和发展模式的知识与信息。同时，世界世行在审查和发放贷款时通常要借款方接受"世行制造"的知识和建议作为贷款条件。20世纪80年代，在"华盛顿共识"的指导下，世行利用它的资助来推进一系列宏观经济改革，被称为"结构调整"，而这些附加条件备受争议。附加的条件从要求政府对国有企业私有化、降低贸易关税，到执行新的预算和采购程序，等等。多年来，世行向借款国施加富有争议的附加条件的做法，受到严厉的指责，认为它侵犯国家主权，并以不民主的方式来推行改革。[①]

世界银行的第二个角色是发展融资守门人。世界银行通过《国家政策和制度评估》（CPIA）以及《投资环境评估》（ICA），根据国家经济政策和对外资的开放程度来评估各国的投融资环境。例如，CPIA根据分成四组的16个标准，对国家进行评级。这四组标准覆盖了以下四个方面：经济管理、结构性政策、促进社会包容和公平的政策、公共部门管理和制度。由于这些评估对发展中国家（特别是那些难以直接从国际金融市场融资的国家）而言，将直接影响其来自外部融资的能力，因此也产生了一种导向作用，让这些国家的政策顺应评估的要求而进行调整和改革。例如，在2015年1月出版的缅甸投资环境评估中，世界银行就明确提出，评估的目的包括：为缅甸的政府及其他利益相关者提供最新的基于事实的经营环境的情况，为其改革提供背景情况，并帮助优化其改革议程；为未来评估投资环境改革议程的

---

① 世界银行的基础知识，http://www.bankinformationcenter.org/proxy/Document.11469.pdf。

进展提供基准。①

亚洲开发银行：国别合作伙伴

亚开行通过国别合作伙伴战略（the Country Partnership Strategy，CPS）来构建其与发展中国家开展合作的战略框架。通过将各国自身发展战略与亚开行国别战略的对接，来寻求双方的共同点，并据此发现优先领域开展合作。一般来说，CPS 会根据各国的战略计划周期来确定，如果实施过程中所在国的政治经济发展出现重大变化，也可以根据这些变化做出调整。通常 CPS 会最多每两年进行一些调整。②

在 CPS 框架下，亚开行与各国使用国别合作伙伴战略的国别和行业结果框架跟进既定结果指标的进展情况。在制定年度国别业务规划时，国别合作伙伴战略结果框架会同时更新。作为日常工作，需定期更新部门或行业设计和监测框架，亚开行与所在国政府合作，共同收集、分析部门及行业绩效数据。亚开行将通过定期磋商回顾战略重点，以确保国别规划充分响应各国迅速发展的经济和社会需求。

以中国为例，亚开行与中国的国别合作伙伴战略结果框架分为两大部分。第一部分是中国的国家发展目标。第二部分是根据亚开行所支持的行业部门，对照中国政府的行业目标，提出亚开行对行业产出的贡献及指标，亚开行贷款、技术援助与知识产品及服务所进行干预

---

① Myanmar-Investment climate assessment：sustaining reforms in a time of transition，http：//documents. shihang. org/curated/zh/2015/01/24222884/myanmar-investment-climate-assessment-sustaining-reforms-time-transition.

② ADB. Country Partnership and Regional Cooperation Strategies Under Preparation. http：//www. adb. org/countries/documents/country-strategies-programs-under-preparation.

的领域，以及亚开行下一轮规划额度分配及重点主题的情况。

例如，在自然资源和农业部门（这属于亚开行 2020 战略的基础设施和环境两大核心领域），中国政府的行业目标是"通过提高土地资源、水资源和自然资源的利用率，改善民生；提高社会服务"。亚开行对行业产出的贡献及指标包括：提高水、自然资源的质量和管理水平，包括降低水污染。灌溉效率从 2010 年的 50% 提高到 2015 年的 53%。森林覆盖率从 2008 年的 20.4% 提高到 2015 年的 21.7%。通过了面源污染控制和生态补偿规章制度，建立了知识共享中心。让农民和社区参与到自然资源管理的创新型试点项目中，为他们创造收入机会，提高农民收入。亚开行干预的领域包括：土地恢复、森林和生物多样性保护、流域和防洪管理、农村发电、农村基础设施开发、自然资源管理改革、金融服务、中小企业融资、气候变化减缓和适应。亚开行下一轮规划额度分配情况是，上述行业贷款将占 2012—2015 年总贷款项目的 18%，即 10.5 亿美元。[①]

国际货币基金组织：第四条款磋商

《国际货币基金组织协定》第四条规定，为了确保金融和经济稳定所必要的有序基础条件得以持续发展，各成员国应承诺努力使各自的经济和金融政策实现在保持合理价格稳定的情况下促进有序经济增长这个目标；应努力创造有序的经济和金融条件以及不致经常造成动荡的货币制度，以此促进稳定；应避免操纵汇率或国际货币制度来阻

---

① 亚洲开发银行：《国别合作伙伴战略：中华人民共和国 2011—2015 年》，2012 年 5 月，http://www.adb.org/sites/default/files/institutional-document/33626/files/cps-prc-2011-2015-zh.pdf。

碍国际收支的有效调整或取得对其他成员国不公平的竞争优势。国际货币基金组织应监督国际货币制度，以保证其有效实施，并监督各成员国是否履行了上述义务。为此，国际货币基金组织应对各成员国的汇率政策进行严格的监督，并制定出具体原则，以就汇率政策向各成员国提供指导。各成员国应向国际货币基金组织提供监督所必需的资料，并且在国际货币基金组织提出要求时，应就本国的汇率政策问题与国际货币基金组织进行磋商。

根据上述规定，国际货币基金组织每年会与成员国就其宏观经济形势、经济与金融政策实施情况等进行深度磋商。通常由国际货币基金组织的经济学家团队到成员国对经济与金融发展情况开展评估，并与所在国政府、中央银行等部门就经济与金融政策进行讨论。此外，国际货币基金组织代表团还会和议会以及行业、工会及公民社会（civil society）部门的代表进行讨论。磋商结束后，国际货币基金组织磋商团队会向管理层报告磋商结果，并向执行董事会汇报讨论的情况。董事会的意见会在随后向成员国政府反馈。通过这种方式，国际社会的看法和国际经验教训可以对各国的政策产生影响。磋商报告通常还会在国际货币基金组织网站上公开发布，这会对各国政府形成一种"同侪压力"，敦促各国政府采取更优的政策。①

一般来说，国际货币基金组织发布的第四条款磋商结果分为两个部分，第一个部分是对磋商国宏观形势的分析与判断，第二个部分是对磋商国宏观政策的评价及 IMF 的建议。以 2015 年度葡萄牙第四条款磋商成果为例，国际货币基金组织首先指出，葡萄牙的流动性失衡随着主权债务危机爆发得以大幅修正，就业增加，产出扩大，且经常

---

① 参见 http：//www.imf.org/external/about/econsurv.htm。

账户余额出现数十年来首次盈余。受益于历史新低的利率、欧元疲软和低油价，葡萄牙短期前景向好。但同时，多年累积的资产脆弱性仍十分明显，主要表现为公共和非金融企业债务及巨额的国际负投资。进而，国际货币基金组织肯定了葡萄牙政府过去几年中在改善财政和经常账户余额，维护金融稳定，以及恢复市场准入方面取得的成就，欢迎葡萄牙当局的财政整顿流程及关于在 2015 年退出欧盟赤字超标程序的承诺，并鼓励政府进一步努力将债务的 GDP 占比减少到更可持续的水平。国际货币基金组织认为葡萄牙政府应进一步通过全面改革工资和养老金以使公共支出更加合理化，并实施更广泛的财政改革以改善公共管理和降低国有资产风险。国际货币基金组织指出，葡萄牙的经济复苏关键取决于及时且系统化地解决不良贷款和公司债务过剩问题。政府需要采取行动以确保银行保持充足的资本和拨备资金，并加快债务冲销。国际货币基金组织建议葡萄牙进一步努力提高破产流程的效率，促进企业的股权融资。国际货币基金组织强调，葡萄牙需要继续实施结构性改革以提高外部竞争力和促进劳动力市场灵活性；将改革重点放在创造就业机会，提高当地竞争和提升公共服务上；应采取措施以改善职业培训、提升管理技能、减少工作阻碍及加强社会包容性。

亚投行：加强合作，博采众长

世界银行的政策协调是基于已有的框架来开展的，这套评估框架有明确的指标，这些指标背后反映了新自由主义的发展观念。其优点是框架简洁明了，操作性强。但容易忽视成员经济体自身的实际情况，用新自由主义的发展观念硬套各国国家的经济政策实践，容易出现削足适履的现象。

与之相比，亚开行的国别合作伙伴战略强调国家战略与亚开行战略的对接，寻求两方面的共同点，在共同点中遴选亚开行在该国业务的优先领域。这种方式兼顾了亚开行自身的制度要求以及所在国的国情，能够为业务的开展创造比较好的政策环境。但这种方式对所在国的政府能力要求比较高，政府需要能独立制定出适合国家需要同时又与亚开行原则不相违背的国家战略。对于亚投行所要开展基础设施投资业务的不少亚洲国家来说，可能在这方面的能力上有所欠缺。

国际货币基金组织的第四条款磋商的方法可以弥补所在国自身的能力缺陷，通过深度访谈与调研，国际货币基金组织可以帮助所在国澄清自身的战略目标和可以实现目标的资源与手段，提出切实可行的政策建议。但这种做法，一方面对机构的能力、资源、人力的要求较高，另一方面很难以高频的方式跟踪所在国的情况。如果一个国家国内政治经济形势变化较快（在一些欠发达及发展中国家，政治体系和经济体系都不成熟，更容易出现这种快速的变化），那么深度磋商的结论与现实情况之间的时滞可能会影响政策建议的时效性。亚投行建立之初，可能在自身能力、人力等方面的积累也存在不足，每年与潜在的项目伙伴国开展深度磋商恐怕也是力有未逮。

在经营之初，亚投行就重视强化与现有机构之间的合作。这样做可以最大限度控制风险，并通过合作机构来了解和把握区域内各国与基础设施建设有关的基本条件、政策动向等，甚至可以参与到与所在国的评估与协商进程之中，在这些机构的帮助下承担部分政策协调的外包任务，不断积累未来独立开展政策协调所需的资源。亚投行成立后的首批 4 个贷款项目，有 3 个都是与现有国际多边组织联合融资项目，包括与世界银行共同融资的印度尼西亚国家贫民窟改造升级项

目，与亚洲开发银行共同融资的巴基斯坦开展的国家高速公路 M - 4
（Shorkot-Khanewal 路段）项目，以及与欧洲复兴开发银行联合融资的
杜尚别—乌兹别克斯坦边界道路塔吉克斯坦境内路段改善项目等。其
中，在巴基斯坦国家高速公路项目中，亚投行明确表示采用亚开行的
《保障政策声明 2009》（*Safeguard Policy Statement 2009*），因为它符合
亚投行的协议条款，并与亚投行的环境和社会政策以及相关的环境和
社会标准的条款实质上一致，并且亚开行为确保遵守《保障政策声明
2009》而制定的监测程序符合本项目的需要。[①]

　　此外，亚投行应当吸取现有机构评估和磋商的成功之处，建立
适合于发展中国家的基础设施联通项目风险评估的框架，同时加强
对亚洲各需求方战略及政策的调研，形成有亚投行特色的政策沟
通、咨询与交流模式。亚投行还可以借鉴中国国家开发银行等机构
在一些国家帮助当地政府制定国家发展规划的经验，通过这种能力
培养与技术援助相结合的方式来加深对潜在的项目伙伴国的了解和
相互认同。

◇◇第三节　亚投行与设施联通

　　亚投行协定中明确了该行为"旨在支持基础设施发展的多边金融
机构"，因此基础设施互联互通有关的贷款、持股、担保等银行业务
是亚投行的主营业务。亚太地区是亚投行基础设施互联互通建设的主

---

① 详细情况见亚投行对该项目的官方说明文件，https://www.aiib.org/en/pro-
jects/approved/2016/_ download/pakistan-national-motorway/summary/approved _ project _
summary_ pakistan_ national_ motorway. pdf。

要业务运营的地理范围。

亚洲基础设施项目需求庞大

根据亚开行的估算，2010—2020 年，估计亚洲国家各部门的基础设施投资总体需求至少为 8 万亿美元，其中新增能力占 68%，维护和更换现有基础设施占 32%。年均基础设施投资需求约为 7300 亿美元。电力和公路分别占总体需求的 51% 和 29%，见表 5—1。

表 5—1　　　　按部门统计的 2010—2020 年亚洲国家基础设施
投资总体需求　　　　　　　单位：百万美元

部门/分部门	新增能力	更换	合计
能源（电力）	3176437	912202	4088639
电信	325353	730304	1055657
移动电话	181763	509151	690914
固定电话	143590	221153	364743
运输	1761666	704457	2466123
机场	6533	4728	11261
港口	50275	25416	75691
铁路	2692	35947	38639
公路	1702166	638366	2340532
供水和环卫设施	155493	225797	381290
环卫设施	107925	119573	227498
供水	47568	106224	153792
总计	7661461	4233318	11894779

资料来源：亚洲开发银行。

除此之外，亚开行还确定了同期 1077 个正在进行的双边、次区域和泛亚基础设施项目。这些区域项目的投资需求总计为 2900 亿美元，年均基础设施投资需求接近 300 亿美元。1077 个项目中，989 个交通运输项目的成本为 2000 亿美元，约占总额的 70%；88 个能源项目的成本为 800 亿美元，约占总额的 30%（见表 5—2）。仅泛亚交通运输项目就占总需求的 60% 以上，东南亚和中亚的能源项目占能源投资总需求的 60% 以上。因此，这一时期的亚洲基础设施投资总体需求共计 82.8 万亿美元，年均约为 7500 亿美元[①]。

表 5—2　　　　　2010—2020 年具体区域基础设施项目的投资需求

区域/次区域	交通运输项目		能源项目		合计	
	成本（百万美元）	数量（个）	成本（百万美元）	数量（个）	成本（百万美元）	数量（个）
亚洲	177077	931	—	—	177077	931
亚洲公路	43276	121	—	—	43276	121
泛亚铁路	82801	45	—	—	82801	45
亚洲集装箱码头	51000	765	—	—	51000	765
东亚/东南亚—中亚—南亚	—	—	22975	5	22975	5
东南亚	5858	17	41444	33	47302	50
大湄公河次区域	5858	17	2604	14	8462	31
泛亚—东盟天然气管道	—	—	7000	1	7000	1
东盟东部增长区	—	—	100	1	100	1
其他	—	—	31740	17	31740	17
中亚	21414	38	11131	44	32545	82

① 亚洲开发银行研究院编：《亚洲基础设施建设》，邹湘、智银凤等译，社会科学文献出版社 2012 年版，第 113 页。

区域/次区域	交通运输项目		能源项目		合计	
	成本（百万美元）	数量（个）	成本（百万美元）	数量（个）	成本（百万美元）	数量（个）
中亚区域经济合作	21414	38	10861	43	32275	81
其他	—	—	270	1	270	1
南亚	293	3	6846	6	7139	9
总计	204642	989	82369	88	287011	1077

资料来源：亚洲开发银行。

另据麦肯锡统计，截至 2015 年 3 月，亚洲地区已公布的超大型基础设施建设项目为 1290 个，投资总额超过 4 万亿美元（见表 5—3）。除中国外，亚洲其他国家和地区的超大型基础设施建设项目为 955 项，占项目总数的 74.0%；投资额为 2904 万亿美元，占总投资额的 72.2%。

表 5—3   **亚洲超大型基础设施建设项目分布**

	项目数	投资额（十亿美元）
中国	335	1116
韩国	22	256
越南	86	314
印度	277	644
沙特	84	472
亚洲其他国家和地区	486	1218
合计	1290	4020

资料来源：陈月石：《麦肯锡给亚投行的五大建议：国开行运营效率比世行高得多》，澎湃金改实验室，http://www.thepaper.cn/newsDetail_forward_1352727。

上述基础设施项目所需资金并非现有的政府资金和国际机构资金所能满足的。亚投行完全可以在其中遴选一些与自身"精简、清洁、绿色"（lean, clean and green）理念相符的项目，独立或与现有机构合作开展项目。其他机构是欢迎亚投行合作的。欧洲复兴开发银行总裁苏玛·沙克拉巴蒂勋爵就曾建议亚投行，在工作人员尚在招聘，具体项目还在研究的阶段，与已有其他区域发展银行的投资项目进行合作，可以尽快上手并维护良好和稳定的声誉。①

亚投行业务空间广阔

共建一带一路倡议中提到的新亚欧大陆桥、中蒙俄、中国—中亚—西亚、中国—中南半岛、中巴、孟中印缅六大经济走廊相关的基础设施互联互通项目，无疑将成为亚投行基础设施业务的重点区域。可以通过以下标准来遴选亚投行发展初期的优先基础设施项目：第一，已有建设条件相对较好，通道或网络的短板性的节点比较集中，一旦解决能够带来较大的边际收益的项目；第二，六大经济走廊相关的项目。

新亚欧大陆桥是从中国的江苏连云港市到荷兰鹿特丹港的国际化铁路交通干线。国内由陇海铁路和兰新铁路组成。大陆桥途经江苏、安徽、河南、陕西、甘肃、青海、新疆7个省区，65个地、市、州的430多个县、市，到中哈边界的阿拉山口出国境。出国境后可经3条线路抵达荷兰的鹿特丹港。中线与俄罗斯铁路友谊站接轨，进入俄罗斯铁路网，途经阿克斗亚、切利诺格勒、古比雪夫、斯摩棱斯克、布

---

① 罗晶：《亚投行该怎么玩——专访欧洲复兴开发银行总裁苏玛·沙克拉巴蒂勋爵》，《南方能源观察》2015年第7期。

列斯特、华沙、柏林达荷兰的鹿特丹港，全长 10900 公里，辐射世界
30 多个国家和地区。1992 年开始国际陆桥营运后，在西伯利亚大陆
桥及海运竞争之下，经营绩效并不算好。运营十年后的 2002 年，在
陆桥运输中所占的市场份额已经由 1997 年的 50% 下降到不足 8%。①
制约新亚欧大陆桥的瓶颈主要有：阿拉山口、德鲁日巴等换装站设计
能力有限；大风等恶劣气候下运输能力受限；列车运输速度慢、货物
疏通能力弱（新亚欧大陆桥从连云港到莫斯科平均运行 26 天，到鹿
特丹需要 30 天，而西伯利亚陆桥的运行时间分别是 10 天和 14 天）；
信息跟踪、口岸通关、客户维护等相关服务方面也存在问题。② 更重
要的是，这条交通干线与俄罗斯境内的西伯利亚大陆桥存在直接的竞
争关系。综合来看，新亚欧大陆桥已有的建设条件较好，合理规划弥
补短板能够在较短时间内取得良好的经济效益，但需要注意项目建设
的包容性，让包括俄罗斯在内的沿线国家都能从新亚欧大陆桥经济走
廊基础设施建设中分享好处。

中蒙俄经济走廊分为两条线路：一是从华北京津冀到呼和浩特，
再到蒙古国和俄罗斯；二是东北地区从大连、沈阳、长春、哈尔滨到
满洲里和俄罗斯的赤塔。两条走廊互动互补形成一个新的开放开发经
济带，将丝绸之路经济带同俄罗斯跨欧亚大铁路、蒙古国草原之路倡
议进行对接。这条经济走廊的基础设施短板主要在蒙古国境内。蒙古
国有比较丰富的矿产资源，但薄弱的交通、能源基础设施，限制了蒙

---

① 朱美环：《新亚欧大陆桥为何遭冷落？》，《中国交通报》2003 年 12 月 9 日
T00 版。

② 徐习军：《新亚欧大陆桥运输现状、问题与对策》，《大陆桥视野》2013 年
第 4 期；朱美环：《新亚欧大陆桥为何遭冷落？》，《中国交通报》2003 年 12 月 9 日
T00 版。

古国经济的发展。蒙古国的产品主要通过中国天津港出口，但蒙古国铁路轨距为宽轨标准，与中国标准不一，增加了运输及矿产品出口成本。蒙古国内部关于未来铁路轨道标准的争议久拖不决，延误了铁路网建设。亚投行在中俄蒙经济走廊从事基础设施项目应当注意三个方面的内容。一是蒙古国生态脆弱性大，从事能源、交通基础设施项目时必须考虑到对环境的影响，否则容易陷入被动的舆论环境之中。二是蒙古国国内民族主义势力抬头，项目评估中应当注意对这方面风险的评估。三是电力供应不足可能对项目产生影响。

中国—中亚—西亚经济走廊从新疆出发，抵达波斯湾、地中海沿岸和阿拉伯半岛，主要涉及哈萨克斯坦、吉尔吉斯斯坦、塔吉克斯坦、乌兹别克斯坦、土库曼斯坦五个中亚国家，以及伊朗、土耳其等国。这些国家的基础设施水平相对都比较落后，有较大的开发潜力。根据世界银行刻画贸易和运输相关基础设施的质量的物流绩效指数，中亚的哈萨克斯坦、吉尔吉斯斯坦、塔吉克斯坦、乌兹别克斯坦、土库曼斯坦2014年分别为2.38、2.05、2.36、2.01和2.06，均低于世界平均水平的2.77。土耳其2014年为3.53，基础设施相对较好。伊朗2013年为2.42，也低于当年世界平均水平2.77。[1] 尽管土耳其等西亚国家基础设施相对更好，但亚投行在这一走廊的建设重点建议放在中亚五国，特别是油气管道等能源基础设施的建设。西亚各国的地缘政治风险较大，在缺乏可靠的安保机制之前，不宜从事投资周期长、投资规模大的基础设施建设。

中国—中南半岛经济走廊东起珠三角经济区，沿南广高速公路、桂广高速铁路，经南宁、凭祥、河内至新加坡。中南半岛，又称为中

---

① 该指数中的1表示很低，5表示很高。

印半岛，位于中国和南亚次大陆之间，西临孟加拉湾、安达曼海和马六甲海峡，东临太平洋的南海，为东亚与群岛之间的桥梁，为亚洲南部三大半岛之一，面积206.5万平方公里，占东南亚面积的46%。它包括越南、老挝、柬埔寨、缅甸、泰国及马来西亚西部。中国—中南半岛经济走廊有关的基础设施建设项目已经在泛亚洲计划中有所体现，并且已经部分实施。比较而言，亚开行及日本更强调中南半岛东西交通线的联通，作为互补的项目投资，亚投行可以在南北向交通干线的建设上发挥更大作用。

中巴经济走廊是北起喀什、南至巴基斯坦瓜达尔港的经济走廊。中巴经济走廊全长3000公里，贯通南北丝路关键枢纽，北接"丝绸之路经济带"、南连"21世纪海上丝绸之路"，是一条包括公路、铁路、油气和光缆通道在内的贸易走廊。中巴经济走廊的基础设施建设，两国已经有比较详细的规划，包括了喀喇昆仑公路（又称"中巴友谊公路"）、加达尼和塔尔能源项目、瓜达尔港口运营、卡拉奇—拉合尔高速公路等一系列基础设施建设、投资和能源项目。丝路基金已经把自己的首个项目投向了中巴经济走廊的优先项目卡洛特水电站上。亚投行一方面可以参与中巴经济走廊特定项目的建设，另一方面在打通中巴经济走廊与南亚、中亚、西亚、北非等地区国家的跨区域基础设施项目上，在确保地缘风险评估支持的前提下，可以有所作为。

孟中印缅经济走廊将中国西南部、印度东部、缅甸、孟加拉国联系到一起，确切地说，是通过缅甸曼德勒和孟加拉的吉大港和达卡，把中国西南省份云南的首府昆明与印度重要城市加尔各答联系起来，发展出一个包括中国云南省、印度比哈尔邦、西孟加拉邦等东部、东北部有关邦以及缅甸和孟加拉国全境区域性经济合作区，面积达165

万平方公里，人口超过 4 亿。① 孟中印缅经济走廊最终将打通东亚与南亚互联互通的障碍。孟中印缅经济走廊的基础设施建设短板主要在孟加拉国和缅甸，两国 2014 年物流绩效指数分别为 2.11 和 2.14，都明显低于世界平均水平的 2.77。从港口基础设施的质量（1 分表示非常不发达，7 分表示非常发达）来看，2014 年孟加拉国和缅甸的得分也不高，分别为 3.7 分和 2.6 分，都低于当年世界平均水平（为 4.1 分）。亚投行在孟中印缅经济走廊的项目可优先聚焦于孟加拉国和缅甸的港口建设。此外，打通经过昆明与东南亚（中南半岛走廊）相连接的铁路和公路交通网建设也是合适的备选项目。

2019 年 1 月 16 日，亚投行迎来成立三周年，其成员由成立之初的 57 个增加至 93 个，累计批准项目投资超过 75 亿美元。截至 2019 年 2 月 16 日，亚投行官方网站公布的已批准的项目分布在阿塞拜疆（1 个）、孟加拉国（3 个）、中国（1 个）、埃及（2 个）、格鲁吉亚（1 个）、印度（9 个）、印度尼西亚（5 个）、缅甸（1 个）、阿曼（3 个）、巴基斯坦（2 个）、菲律宾（1 个）、塔吉克斯坦（2 个）、土耳其（2 个）等国，还有老挝（2 个）、尼泊尔（3 个）、斯里兰卡（5 个）、乌兹别克斯坦（1 个）等国的项目也在审批程序中，大都位于六大经济走廊相关区域。

◇ 第四节　亚投行与贸易畅通

基础设施对区域贸易投资的促进作用已经成为学界和政策界的共

---

① 孙倩：《孟中印缅经济走廊：商路和心路》，《亚太日报》2015 年 2 月 16 日。

识。亚投行以基础设施建设为主要业务领域，同样可以服务于区域贸易投资便利化进程。亚开行早就指出，"对生产设施进行的投资以及由此带来的贸易依赖于对基础设施的投资，后者能够减少交易成本，增加进入市场和获得供应商的机会，并提高国际竞争力。借助基础设施发展的良性循环、外向型政策以及融入全球供应链和区域合作框架，亚洲的贸易和外国投资大大增加，从市场驱动型的一体化中获益匪浅。随着物流得到改善，对外国直接投资的进一步开放，纵横交错于该地区的国际供应链在更高水平金融一体化的支持下，得到了极大的发展"①。

区域内贸易发展潜力大

亚开行 2014 年 11 月发布的《亚洲经济一体化监测》显示，亚洲区域内贸易份额为 54.5%，这比欧洲的情况要低大约 8 个百分点。② 2014 年欧盟 27 国来自区域内的进口占比为 62.7%，去往区域内的出口占比为 63%。这意味着亚洲区域内贸易提升还有较大的潜力。

按照亚开行的口径，从各次区域来看，中亚（包括亚美尼亚、阿塞拜疆、格鲁吉亚、哈萨克斯坦、吉尔吉斯斯坦、塔吉克斯坦、土库曼斯坦、乌兹别克斯坦）对亚洲区域内贸易占比仅为 35.7%。南亚（阿富汗、孟加拉国、不丹、印度、马尔代夫、尼泊尔、巴基斯坦、斯里兰卡）对亚洲区域内贸易占比更是只有 34.9%，并且与中亚区

---

① 亚洲开发银行研究院编：《亚洲基础设施建设》，邹湘、智银风等译，社会科学文献出版社 2012 年版，第 23 页。

② ADB, *Asian Economic Integration Monitor*, November 2014.

域外贸易中对欧盟贸易占比较高（30.1%）不同，南亚对欧盟、美国的贸易占比都较低，说明这一地区区域内贸易和对发达市场贸易都偏低。中亚和南亚对区域内贸易中相当部分是对中国的贸易，这其实得益于中国较好的基础设施条件（见表5—4）。

表5—4 亚洲区域内贸易比重及基础设施得分情况

	亚洲（%）			欧盟（%）	美国（%）	其他（%）	基础设施分值
	总计	中国	日本				
中亚	35.7	20.5	1.3	30.1	2.7	31.5	2.30
东亚	51.9	13.8	6.1	11.9	11.6	24.6	3.57
南亚	34.9	10.3	2.1	13.8	7.7	43.6	2.34
东南亚	68.3	15.2	8.9	9.5	8.1	14.1	2.98
太平洋岛国	72.7	10.8	5.4	5.2	2.7	19.4	2.39
大洋洲	69.4	26.3	11.4	11.7	7.6	11.3	3.84
亚洲	54.5	14.5	6.6	11.8	10.2	23.4	2.90

注：基础设施分值为该次区域各国的平均值。东亚包括中国大陆、中国香港、中国台湾、日本、韩国和蒙古国等经济体，中国台湾的基础设施分值数据缺失；东南亚包括文莱、柬埔寨、印度尼西亚、老挝、缅甸、马来西亚、菲律宾、新加坡、泰国和越南，其中文莱基础设施分值数据缺失；大洋洲为澳大利亚和新西兰；太平洋岛国包括库克群岛、斐济、基里巴斯、马绍尔群岛、密克罗尼西亚联邦、瑙鲁、帕劳、巴布亚新几内亚、萨摩亚、所罗门群岛、东帝汶、汤加、图瓦卢和瓦努阿图，但基础设施分只有斐济、巴布亚新几内亚和所罗门群岛有数值，取三者平均值。

资料来源：亚洲开发银行、世界银行数据库。

整体来看，基础设施条件相对较差的地区，其对区域内贸易及区域外发达市场的贸易规模就相对较低。太平洋岛国是例外，其区域内贸易占比很高，并不是因为这些国家通往区域内其他成员的基础设施条件优越，恰恰相反，而是因为这些国家的基础设施水平十分落后，通往区域外市场的难度更高所致。

亚投行促进贸易

各国对亚投行促进贸易的能力充满期待。新西兰政府确定加入亚投行，希望借此促进本国与亚洲区域的关系和贸易是重要原因。[①] 法国媒体报道，随着亚投行的建立，中国与非洲贸易往来将进入新阶段。[②] 以色列、澳大利亚等都是中国在内亚洲区域的重要的贸易伙伴，加入亚投行可以增加它们在区域内的贸易规模。

亚投行对区域贸易的促进有三个渠道。其一是亚投行从事的基础设施建设所需的物料、机械、人力、技术等通过跨境采购渠道导致的区域内贸易，这对于德国、中国、东南亚国家等以制造业、建筑服务业等见长的国家来说，可能将为此拥有良好的出口前景。其二是随着基础设施条件的改善，原本被压抑的"得自贸易的利益"将被更充分地释放出来，尤其在能源开发与贸易领域，解除基础设施瓶颈后的能源贸易额的增长可能相当可观。其三是基础设施改善带来的当地民众收入与经济发展水平的提升，这将带来更大的进口或贸易需求。长远来看，收入效应带来的区域贸易增长更具备可持续性。

通过基础设施改善的方式促进贸易只是"硬件"的方面，亚投行在配套"软件"方面，也即促进区域内贸易规则、技术标准统一的方面，亚投行可以提供更多的智力和平台支持。亚投行可

---

① 参见路透社的报道《新西兰政府确认将加入亚投行 以促进与亚洲地区的贸易》，http://cn.reuters.com/article/2015/06/15/aiib-zealand-idCNKBS0OV0CU20150615。

② 《亚投行促中非贸易发展 人民币国际化加速》，http://news.china.com.cn/world/2015–04/23/content_ 35397353.htm。

以在缺乏相关规则与技术标准的地方，推荐实施与国际接轨的规则等制度安排，也可以通过对区域经贸活动特征的研究，提炼和总结最佳区域实践，并通过研讨会、国别磋商等方式在区域内推广。布鲁金斯学会约翰·桑顿中国中心高级研究员、前美国财政部驻北京代表、前世界银行中国及蒙古局局长杜大伟（David Dollar）指出，亚投行想要成功，必须与新的自由贸易协定谈判同步进行，应让区域性全面经济伙伴关系（RCEP）、中美双边投资协定等，和基础设施投资相互结合、相互补充，以创造一个更加开放的市场。[1]

◇◇ 第五节　亚投行与资金融通

亚投行的设立，可以通过优化本区域外汇储备配置效率、完善亚洲债券市场和降低对单一国际货币过度依赖等方式，提升国际资金融通的效益，降低融资风险。

优化外汇储备配置

本区域[2]积累了大量的外汇储备。自 2004 年以来，本区域外汇储

---

① 杜大伟：《亚投行与"一带一路"不是解决中国国内产能过剩问题的出路》，http：//www. brookings. edu/zh-cn/research/interviews/2015/05/28 － aiib-one-belt-one-road-dollar。

② 这里的范围与亚投行协定所说的本区域相同，即联合国定义所指的属亚洲和大洋洲的地理区划和组成，其中俄罗斯横跨欧亚，但被列入欧洲而不在本区域之列。

备占世界外汇储备的比重一直在 70% 左右，2014 年达到近年最高的 74%，其后占比有所回落。2018 年，本区域外汇储备仍然高达 7.85 万亿美元，占全世界外汇储备的比重约为 69%。

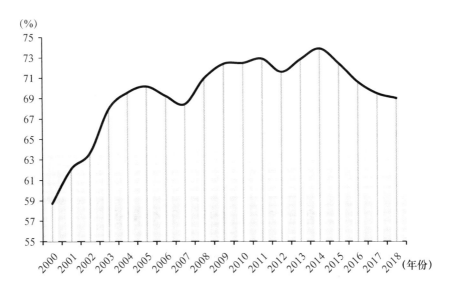

图 5—1 本区域外汇储备占世界外汇储备的比重
资料来源：笔者根据 CEIC 数据库数据制作。

如此巨大规模的外汇储备，大量配置于欧美发达市场。以中国为例，中国 2018 年外汇储备 3.07 万亿美元。根据中金公司的测算，大约 66.7% 为美元资产，19.6% 为欧元资产，10.6% 为英镑资产，日元资产约 3.1%。① 这些资产中，相当部分是收益率很低的国债与机构债。有学者估计，2011 年左右，中国外汇储备资产构成中，90% 以上的资产投资于债券，有将近 70% 的资产投资于国债，其中投资于美国

① 中金公司宏观研究组：《一个 3 万亿美元的问题：中国是如何配置外汇储备的？》，2016 年 7 月 18 日。

国债的规模占中国外汇储备的比重高达 43%—49%。① 一方面，亚洲区域内基础设施投资面临严重的不足；另一方面，大量的本地区积累的外汇储备被投资于收益率非常低的发达国家国债市场，这种资金错配给亚洲国家造成了巨大的福利损失。

亚投行如果能在亚洲基础设施投资领域开创稳定有效的投资与营利模式，势必吸引更多本区域外汇储备通过亚投行平台进入区域基础设施建设项目之中，从而扭转资金错配带来的效率与福利损失。此次中国在亚投行的先期投入的 25 亿美元资金，即由财政部发行特种国债购买外汇储备筹集。如果这些资金能够得到有效运用，产生符合预期的回报，则不排除未来中国及其他成员后续投入，也可能采用以外汇储备投入的方式开展。

完善亚洲债券市场

亚洲金融危机之后，亚洲各国为了解决区域内长期融资渠道匮乏从而过度投资于欧美金融市场导致的货币错配，以及金融系统过度依赖银行体系造成的银行负债与资产的期限错配等问题，开始了发展区域内证券市场的尝试。2003 年，18 个亚洲国家发表了推动亚洲债券市场发展的《清迈宣言》。宣言强调，一个高效、有深度和流动性良好的亚洲债券市场是亚洲金融体系健全和稳定的基础，有助于增强抵御国际金融风险的能力，降低对西方发达国家金融市场的依赖程度。亚洲债券市场的建设得到了世界银行、国际清算银行和亚洲开发银行的支持，并且得到了东亚国家的积极响应。鉴于当时东亚各国债券市

---

① 张明：《中国外汇储备安全面临新冲击》，http：//finance. sina. com. cn/g/201104 21/14069730228. shtml。

场都不大，难以达到发挥正常功能的规模门槛，所以建设一个统一的区域性债券市场就成了一个可行的方案，有望突破发展一个成熟债券市场的规模门槛。此后，东亚及太平洋地区中央银行行长会议组织成员国与国际清算银行合作，以国际清算银行为基金管理人和托管行，分别推出了 ABF1 和 ABF2，先后投资于区内国家发行的美元主权债和本币标价的企业债。但是受投资项目缺乏、融资文化差异、投资者保护规则不明、市场基础设施不完善、跨境交易清算和汇率风险等诸多问题上的政策协调不足等因素影响，在 2010 年亚洲开发银行发布亚洲债券市场倡议（ABMI）最终报告之后，亚洲债券市场发展的步伐逐渐放缓。①

亚投行的参与将为亚洲债券市场带来新的活力。基础设施项目建设周期长，需要资金规模大，比较适合债券融资方式。亚投行有望成为通过亚洲债券市场为亚洲重要基础设施项目融资的有效中介，与亚洲债券市场相互促进、共同发展。首先，亚投行汇集了区域内外许多富有发展经验的发达成员，与现有国际开发机构也保持了良好的合作关系，可以有效遴选那些边际收益高、风险相对较低的基础设施项目，从而保证从债券市场获得的资金可以得到更有效的运用。其次，亚投行的成员国具备良好的代表性和多元性，其治理结构采取了先进的透明的形式，遵循"精简、清洁、绿色"的发展理念，国际化水平也很高，能够获得较高的信用评级，这将帮助其从亚洲债券市场获得相对"便宜"的资金。2019 年 1 月，亚投行董事会批准成立规模为 5 亿美元的信用债投资基金，正式名称为亚洲 ESG 增强信用管理投资组合（AIIB Asia ESG Enhanced Credit Managed Portfolio）。该组合融合

---

① 孙杰：《"一带一路"与亚债市场可以双赢》，《经济参考报》2015 年 5 月 28 日。

ESG（环境、社会和治理）投资理念，聚焦符合标准的亚洲新兴市场基建相关的信用债。作为多边开发银行，亚投行可投债券的评级可以低至投资级，主要为3A、2A、A评级的信用债，票息预计在无风险收益（如10年期美元债）的基准上高出几百个基点。[①]

降低对美元的过度依赖

尽管亚投行首轮出资仍主要以美元的形式进行，但在协定中已经载明，股本的缴付可以用美元或其他可兑换货币。不仅如此，被认定为欠发达国家的成员在缴付股本时，还可以部分使用美元或其他可兑换货币，同时使用本币完成其中不超过50%的缴付。协定还规定，按照有关货币风险最小化的政策规定，银行可以使用一国的本币为银行在该国的业务提供融资。

美元依然是世界最重要的储备货币，这个地位在相当长的时间内不会改变，这决定了亚投行不会刻意回避美元的使用。但高度依赖美元的风险，将随着世界经济格局的变化而趋于加重。第一，美联储的货币政策只对美国国内经济负责，美国向来缺乏在货币政策上开展国际协调的传统。曾经担任美国财政部长的康纳利有句名言，"美元是我们的货币，却是你们的问题"。缺乏外部责任感的国际货币，更可能成为转嫁危机的工具。第二，维持币值稳定与扩大货币供应以满足全球经济增长需求的内在紧张（即所谓"特里芬难题"）并未解决，除非有其他国际货币能有效补充全球对国际货币的需求。第三，美国利用美元的霸权地位和对美元清算系统的垄断，随心所欲地对其他国

---

① 详细情况见亚投行网站该项目介绍，https://www.aiib.org/en/projects/approved/2018/enhanced-credit-managed-portfolio.html。

家（包括一些欧洲国家）的金融机构开展制裁，让各国对美元霸权的不满情绪和风险意识有所增加。

注重对其他货币的使用，尤其是对区域内国家的某些货币的使用，可以有效降低美元风险。人民币有望在其中发挥重要作用。随着国际化进程的加速，人民币正在获得越来越大的影响力。2008 年以来，中国人民银行已与全球 37 个国家、地区央行及货币当局签署了双边货币互换协议。截至 2018 年 12 月，经补充或续约生效的总规模达到 34587 亿元人民币。2008 年至 2014 年年底，中国人民银行当时签署双边货币互换的 28 个伙伴中，欧洲央行作为部门不具备参与亚投行的身份，香港地区代表参加了中国代表团而不单独作为谈判方参与亚投行谈判，除此之外的 26 个货币互换伙伴中有 21 个（占 81%）都是亚投行的初始意向成员国。这为人民币在亚投行相关项目中的更广泛的运用奠定了良好的基础。

◇◇ 第六节　亚投行与民心相通

亚投行通过自己的营业活动，有望成为增进各成员经济体之间感情交流、相互认同的载体。为此，亚投行需要处理好与成员国及项目所在国的政府、私人部门、公益团体、社区民众等不同人群之间的关系。

注重软实力建设

要能顺利地开展长期项目，自身在管理、技术、资金等方面要有过得硬的"资本"是重要的一环，但能够争取到当地社区不同人群的理解与支持，甚至从发展观念、生活方式等方面对他们产生积极影响，也是不能忽视的一面。美国在全世界有很多海外基地，一般认为，凭借这些海外基地所展示的"硬实力"，美国才实现了对世界秩序的掌控。但在和平年代，海外基地发挥影响的，其实主要不是"坚船利炮"所带来的威慑力，而是美国驻外军人通过在当地 KTV、酒吧、电影院等消费带去的美国娱乐文化所产生的吸引力。

亚投行也应当以专业、勤勉、廉洁、高效的行事风格与项目所在国政府及私人部门相处，赢得政府和企业精英的尊重与支持。同时，亚投行还应以关注公益、注重环保、贴近社区的姿态与公民社会或一般民众相处，赢得他们的理解与信任。在这方面，亚投行应当吸取中国一些企业曾经遭遇的不幸教训。2011 年中铁承建波兰高速公路，面临"完成整个工程要亏 3.95 亿美元，半途毁约要被索赔最高 2.7 亿美元"的困境，就是因为一方面中铁希望在签订合同之后用政府的"关系"来"迫使"供应商"让利"或修改合同，另一方面预算时忽视了环保方面可能造成的增加投入，最后让自己陷入被动局面。

开放的参与机会

亚投行应当向区域各国乃至全球开放参与的机会。要善于遴选各国人才以各种方式利用亚投行提供的机会。一些人才可能只是在亚投行提供的临时岗位上就业，但并不妨碍他们在离开亚投行之后，从项目所在国等立场上继续与亚投行合作。对不同文化背景的人才要有包容信任之心。让他们在亚投行的经历成为个人人生宝贵的资产，而他们不同的文化背景也将为亚投行的文化带来价值增量。

亚投行的总部设在中国北京。中国人有"近水楼台先得月"的优势。正因为如此，更应当避免过多岗位由中国人担任的情况。实际上，可以用一些变通的方式来增加人才结构的多元化。例如，亚投行可以设立一些奖学金，鼓励对区域内其他国家有关领域留学生的招收和培养。此外，亚投行还可以为这些在中国学习的留学生提供实习或正式就职的机会。他们在中国学习期间，有可能对中国社会和中国文化达成"同情的理解"，也更容易适应亚投行这样的位于中国的国际组织的工作。

附 录 一

亚洲基础设施投资银行协定*

本协定签署国一致同意：

考虑到在全球化背景下，区域合作在推动亚洲经济体持续增长及经济和社会发展方面具有重要意义，也有助于提升本地区应对未来金融危机和其他外部冲击的能力；

认识到基础设施发展在推动区域互联互通和一体化方面具有重要意义，也有助于推进亚洲经济增长和社会发展，进而为全球经济发展提供新动力；

认识到亚洲基础设施投资银行（以下简称"银行"）通过与现有多边开发银行开展合作，将更好地为亚洲地区长期的巨额基础设施建设融资缺口提供资金支持；

确信作为旨在支持基础设施发展的多边金融机构，银行的成立将有助于从亚洲域内及域外动员更多的亟须资金，缓解亚洲经济体面临的融资瓶颈，与现有多边开发银行形成互补，推进亚洲实现持续稳定增长；

同意成立银行，并遵照本协定所做出的如下规定进行运作：

---

* 原文来自中华人民共和国外交部：《亚洲基础设施投资银行协定》，http://www. fm-prc. gov. cn/web/ziliao_674904/tyfg_674913/t1341813. shtml。

第一章　宗旨、职能和成员资格

第一条　宗旨

一、银行宗旨在于：（一）通过在基础设施及其他生产性领域的投资，促进亚洲经济可持续发展、创造财富并改善基础设施互联互通；（二）与其他多边和双边开发机构紧密合作，推进区域合作和伙伴关系，应对发展挑战。

二、本协定中凡提及"亚洲"和"本区域"之处，除理事会另有规定外，均指根据联合国定义所指的属亚洲和大洋洲的地理区划和组成。

第二条　职能

为履行其宗旨，银行应具备以下职能：

（一）推动区域内发展领域的公共和私营资本投资，尤其是基础设施和其他生产性领域的发展；

（二）利用其可支配资金为本区域发展事业提供融资支持，包括能最有效支持本区域整体经济和谐发展的项目和规划，并特别关注本区域欠发达成员的需求；

（三）鼓励私营资本参与投资有利于区域经济发展，尤其是基础设施和其他生产性领域发展的项目、企业和活动，并在无法以合理条件获取私营资本融资时，对私营投资进行补充；并且，

（四）为强化这些职能开展的其他活动和提供的其他服务。

第三条　成员资格

一、银行成员资格向国际复兴开发银行和亚洲开发银行成员开放。

（一）域内成员是指列入附件一第一部分的成员及依照第一条第二款属亚洲区域的其他成员，其余则为域外成员。

（二）创始成员指已列入附件一、在第五十七条规定的日期当日

或之前签署本协定并在第五十八条第一款规定的最终日期前已满足所有成员条件的成员。

二、国际复兴开发银行和亚洲开发银行成员，如未能依照第五十八条规定加入银行，可依照第二十八条规定经理事会特别多数投票同意后，遵照银行决定的加入条件成为银行成员。

三、不享有主权或无法对自身国际关系行为负责的申请方，应由对其国际关系行为负责的银行成员同意或代其向银行提出加入申请。

第二章 资本

第四条 法定股本

一、银行法定股本为壹仟亿美元，分为壹佰万股，每股的票面价值为拾万美元，只供成员依照本协定第五条的规定认缴。

二、初始法定股本分为实缴股本和待缴股本。实缴股本的票面总价值为贰佰亿美元，待缴股本的票面总价值为捌佰亿美元。

三、理事会可依照第二十八条规定，在适当时间按适当条件，经理事会超级多数投票同意后，增加银行的法定股本，包括实缴股本和待缴股本之间的比例。

四、本协定凡提及"美元"及"＄"符号均指美利坚合众国的法定支付货币。

第五条 股本认缴

一、每个成员均须认缴银行的股本。认缴初始法定股本时，实缴股本与待缴股本之间的比例应为2：8。依照第五十八条规定获得成员资格的国家，其初始认缴股份数按本协定附件一执行。

二、依照本协定第三条第二款加入的成员，其初始认缴股份数应由理事会决定；若其认缴将使域内成员持有股本在总股本中的比例降至百分之七十五以下时，除非理事会依照第二十八条规定经超级多数投票通过，否则不予批准。

三、理事会可以应某一成员要求，依照第二十八条规定，经超级多数投票通过，同意该成员按照确定的条件和要求增加认缴；若其认缴使域内成员持有股本在总股本中的比例降至百分之七十五以下时，除非理事会依照第二十八条规定经超级多数投票通过，否则不予批准。

四、理事会每隔不超过五年对银行的总股本进行审议。法定股本增加时，每个成员都将有合理机会按理事会决定的条件进行认缴，其认缴部分占总增加股本的比例应与此次增资前其认缴股本占总认缴股本的比例相同。任何成员均无义务认缴任何增加股本。

第六条　对认缴股本的支付

一、依照第五十八条获得成员资格的本协定签署方，其初始认缴股本中实缴股本分五次缴清，每次缴纳百分之二十，本条第五款中特殊规定的除外。第一次缴付应在本协定生效后三十天内完成，或在第五十八条第一款规定的批准书、接受书或核准书递交之日或之前缴付，以后发生者为准。第二次缴付在本协定生效期满一年内完成。其余三次将相继在上一次到期一年内完成。

二、除本条第五款规定之外，对初始认缴中原始实缴股本的每次缴付均应使用美元或其他可兑换货币。银行可随时将此类缴付转换为美元。如若到期未能完成缴付，则相应的实缴和待缴股本所赋予的权利，包括投票权等都将中止，直至银行收到到期股本的缴付。

三、银行的待缴股本，仅在银行需偿付债务时方予催缴。成员可选择美元或银行偿债所需货币进行缴付。在催缴待缴股本时，所有待缴股份的催缴比例应一致。

四、本条提及的各种缴付的地点由银行决定，但在理事会举行首次会议之前，本条第一款所指的首次付款应支付给银行的托管方，即中华人民共和国政府。

五、就本款而言，被认定为欠发达国家的成员在缴付本条第一款和第二款所规定的股本时可选择以下任一方式完成，即：

（一）可全部使用美元或其他可兑换货币，最多分十次缴付，每次缴付金额相当于总额的百分之十，第一次和第二次缴付的到期日参照第一款规定，第三次至第十次的缴付应在本协定生效两年内及之后每满一年内相继完成；或者

（二）每次缴付中，成员可在部分使用美元或其他可兑换货币的同时，使用本币完成其中不超过百分之五十的缴付，并按照本条第一款规定的时间完成每次缴付，同时此类缴付应符合以下规定：

1. 成员应在本条第一款规定的缴付时间向银行说明其将用本币缴付的金额比例；

2. 依照本条第五款规定完成的每次本币缴付金额应由银行按照与美元完全等值的金额计算。首次缴付时成员可自行确定应缴付金额，但银行可在付款到期日前九十天内做出适当调整，以使所缴付金额与按美元计算的金额完全等值。

3. 无论何时，只要银行认为一个成员的货币已大幅贬值，该成员应在一段合理期限内向银行缴付额外的本币金额，以确保银行账面持有的该成员以本币认缴股本的价值不变。

4. 无论何时，只要银行认为一个成员的货币已大幅升值，银行应在一段合理期限内向该成员退付一定数量的本币金额，以调整银行账面持有的该成员以本币认缴股本的价值。

5. 银行可放弃本项第 3 目赋予的偿付权利，成员可放弃本项第 4 目赋予的偿付权利。

六、银行接受任何成员使用该成员政府或其指定的存托机构所发行的本票或其他债券缴付该成员依照本条第五款第（二）项规定的以本币缴付金额，前提是银行在经营中不需要使用上述金额的成员货币。上述本票或债券应为不可转让、无息并可应银行要求按面值见票即付。

第七条　股份缴付条件

一、成员初始认缴股份应按面值发行。其他股份也应按照面值发行，除非理事会在特殊情况下依照第二十八条规定经特别多数投票通过，决定以其他条件发行股份。

二、股份不得以任何形式进行质押或抵押，且仅可以向银行转让。

三、成员股权债务应仅限于其所持股份发行额中未缴付部分。

四、成员不因其成员地位而对银行的债务负责。

第八条　普通资本

本协定中"普通资本"一词包括以下内容：

（一）依照本协定第五条规定认缴的银行法定股本，包括实缴股本和待缴股本；

（二）银行依照第十六条第一款授权筹集的资金，此类资金的兑付承诺适用本协定第六条第三款的规定；

（三）因使用本条第（一）、（二）项资金发放贷款或担保的偿付所得，或使用上述资金进行股权投资或依照第十一条第二款第（六）项批准的其他类型融资的所得收益；

（四）使用前述资金发放贷款或依照第六条第三款的兑付承诺所做担保获得的收入；

（五）银行收到的其他不属于本协定第十七条规定的特别基金的其他任何资金或收入。

第三章 银行业务运营

第九条 资金使用

银行资金仅可依照稳健的银行原则用于履行本协定第一条和第二条所规定的宗旨和职能。

第十条 普通业务与特别业务

一、银行的业务包括：

（一）本协定第八条提及的，由银行普通资本提供融资的普通业务；

（二）本协定第十七条提及的，由银行特别基金提供融资的特别业务。

两种业务可以同时为同一个项目或规划的不同部分提供融资。

二、银行的普通资本和特别基金在持有、使用、承诺、投资或作其他处置时，在任何时候、各个方面均须完全分离。银行的财务报表亦应将普通业务和特别业务分别列出。

三、任何情况下银行普通资本都不得用以缴付或清偿由特别基金担负或承诺的特别业务或其他活动发生的支出、亏损或负债。

四、普通业务直接发生的支出由普通资本列支；特别业务发生的支出由特别基金列支。其他任何支出的列支由银行另行决定。

第十一条 业务对象及方法

一、（一）银行可以向任何成员或其机构、单位或行政部门，或在成员的领土上经营的任何实体或企业，以及参与本区域经济发展的国际或区域性机构或实体提供融资。

（二）在特殊情况下，银行可以向本款第（一）项以外的业务对象提供援助，前提是理事会依照第二十八条规定经超级多数投票通过：1、确认该援助符合银行的宗旨与职能以及银行成员的利益；2、明确可以向业务对象提供的本条第二款规定的融资支持类别。

二、银行可以下列方式开展业务：

（一）直接贷款、联合融资或参与贷款；

（二）参与机构或企业的股权资本投资；

（三）作为直接或间接债务人，全部或部分地为用于经济发展的贷款提供担保；

（四）根据特别基金的使用协定，配置特别基金的资源；

（五）依照第十五条的规定提供技术援助；

（六）理事会依照第二十八条规定经特别多数投票通过决定的其他融资方式。

第十二条 普通业务的限制条件

一、银行依照本协定第十一条第二款第（一）、（二）、（三）和（四）项从事的贷款、股权投资、担保和其他形式融资等普通业务中的未收清款项，任何时候都不得超过普通资本中未动用认缴股本、储备资金和留存收益的总额。但理事会有权依照本协定第二十八条规定，经超级多数投票通过后，根据银行的财务状况随时提高上述对银行普通业务的财务限制，最高可至普通资本中未动用认缴股本、储备资金和留存收益总额的250%。

二、银行已拨付股权投资的总额不得超过当期相应的银行未动用实缴股本和普通储备资金总额。

第十三条 业务原则

银行应依据下列原则开展业务：

（一）银行应按照稳健的银行原则开展业务；

（二）银行业务应主要是特定项目或特定投资规划融资、股权投资以及第十五条规定的技术援助；

（三）银行不得在成员反对的情况下，在该成员境内开展融资业务；

（四）银行应保证其从事的每项业务均符合银行的业务和财务政策，包括但不仅限于针对环境和社会影响方面的政策；

（五）银行审议融资申请时，应在综合考虑有关因素的同时，适当关注借款人以银行认为合理的条件从别处获得资金的能力；

（六）银行在提供或担保融资时，应适当关注借款人及担保人未来按融资合同规定的条件履行其义务的可能性；

（七）银行在提供或担保融资时，应采取银行认为对该项融资和银行风险均适宜的融资条件，包括利率、其他费用和还本安排；

（八）银行不应对普通业务或特别业务中银行融资项目的货物和服务采购进行国别限制；

（九）银行应采取必要措施保证其提供、担保或参与的融资资金仅用于融资所规定的目标，并应兼顾节约和效率；

（十）银行应尽可能避免不均衡地将过多资金用于某一或某些成员的利益；

（十一）银行应设法保持其股权资本投资的多样化。除非出于保护其投资的需要，否则银行在其股权投资项目中，对所投资的实体或企业不应承担任何管理责任，也不应寻求对该实体或企业的控制权。

第十四条　融资条件

一、银行在发放、参与或担保贷款时，应依照本协定第十三条规定的业务原则及本协定其他条款的规定，订立合同明确该贷款或担保的条件。在制定上述条件时，银行应充分考虑保障银行收益和财务状况的需要。

二、当贷款或担保对象本身并非银行成员时，如银行认为可行，可以要求该项目执行所在地的成员，或者银行接受的该成员某个政府机构或其他机构，为贷款本金、利息和其他费用的按期如约偿还提供担保。

三、任何股权投资的金额不得超过董事会通过的政策文件所允许的对该实体或企业进行股权投资的比例。

四、按照有关货币风险最小化的政策规定，银行可以使用一国的本币为银行在该国的业务提供融资。

第十五条　技术援助

一、在符合银行宗旨和职能的情况下，银行可提供技术咨询、援助及其他类似形式的援助。

二、如遇提供上述服务的费用无法补偿时，银行可从其收益中支出。

第四章　银行资金

第十六条　一般权力

除本协定其他条款中明确规定的权力外，银行还应有以下权力。

（一）银行可以根据相关法律规定在成员国或其他地方通过举债或其他方式筹集资金。

（二）银行可以对其发行或担保或投资的证券进行买卖。

（三）为推动证券销售，银行可为其投资的证券提供担保。

（四）银行可以承销或参与承销任何实体或企业发行的、目的与银行宗旨一致的证券。

（五）银行可以将其业务经营未使用资金进行投资或存储。

（六）银行应确保在银行发行或担保的每份证券的外观上标有显著字样，声明该证券并非任何政府的债务；如该证券确实是某个特定政府的债务，则应做如实表述。

（七）根据理事会通过的信托基金框架，在信托基金的目标与银行宗旨和职能一致的前提下，银行可接受其他相关方的委托，成立并管理该信托基金。

（八）银行可以在理事会依照本协定第二十八条规定经特别多数投票通过后，以实现银行宗旨和职能为目的，成立附属机构。

（九）在符合本协定规定的前提下，银行可行使为进一步实现其宗旨和职能所需的适当的其他权力，并制定与此有关的规章。

第十七条　特别基金

一、银行可以接受与银行宗旨和职能一致的特别基金，此类特别基金属银行资源。特别基金的所有管理成本均应从该基金支出。

二、银行接受的特别基金的使用原则和条件应与银行的宗旨和职能一致，并符合就此类基金达成的相关协议。

三、银行应根据成立、管理和使用每个特别基金的需要制定特别规章。该规章应与本协定中除明确仅适用于普通业务的规定以外的所有条款保持一致。

四、"特别基金资源"一词应指所有特别基金的资源，包括：

（一）银行接收并纳入特别基金的资金；

（二）根据银行管理特别基金的规章，用特别基金发放或担保的贷款所得，及其股权投资的收益，归属该特别基金；

（三）特别基金资金投资产生的任何收入；及

（四）可由特别基金支配使用的任何其他资金。

第十八条　净收入的分配和处置

一、理事会至少每年都应在扣除储备资金之后，就银行净收入在留存收益或其他事项以及可分配给成员的利润（如适用）之间的分配做出决定。任何将银行净收入分配用作其他用途的此类决策应依照第二十八条规定以超级多数投票通过。

二、上一款中提及的分配应按照各成员所持股份的数量按比例完成，支付的方式和货币应由理事会决定。

第十九条　货币

一、银行或任何银行款项接受方所接受、持有、使用或转让的货币在任何国家内进行缴付时，成员均不得对此施加任何限制。

二、当根据本协定需要以一种货币对另一货币进行估值，或决定某货币是否可兑换时，该估值或决定应由银行做出。

第二十条　银行偿债的方式

一、银行从事普通业务时，若其所发放、参与或担保的贷款出现拖欠或违约，或其所投资的股权或依照第十一条第二款第（六）项做出的其他融资出现损失，银行可采取其认为适当的措施。银行应保持适当的拨备水平以应对可能发生的损失。

二、银行普通业务发生的损失，应当：

（一）首先依照本条第一款的规定处置；

（二）其次，由净收入支付；

（三）再次，从储备资金和留存收益中支付；

（四）复次，从未动用实缴股本中支付；

（五）最后，从可依照第六条第三款的规定进行催缴的待缴股本中适量缴付。

第五章　治理

第二十一条　治理结构

银行应设立理事会、董事会、一名行长、一名或多名副行长，以及其他必要的高级职员与普通职员职位。

第二十二条　理事会：构成

一、每个成员均应在理事会中有自己的代表，并应任命一名理事和一名副理事。每个理事和副理事均受命于其所代表的成员。除理事缺席情况外，副理事无投票权。

二、在银行每次年会上，理事会应选举一名理事担任主席，任期至下届主席选举为止。

三、理事和副理事任职期间，银行不予给付薪酬，但可支付其因出席会议产生的合理支出。

第二十三条　理事会：权力

一、银行一切权力归理事会。

二、理事会可将其部分或全部权力授予董事会，但以下权力除外：

（一）吸收新成员和确定新成员加入条件；

（二）增加或减少银行法定股本；

（三）中止成员资格；

（四）裁决董事会对本协定的相关解释或适用提出的申诉；

（五）选举银行董事并依照第二十五条第六款决定须由银行负担的董事和副董事的支出及薪酬（如适用）；

（六）选举行长，中止或解除行长职务，并决定行长的薪酬及其他任职条件；

（七）在审议审计报告后，批准银行总资产负债表和损益表；

（八）决定银行的储备资金及净收益的配置与分配；

（九）修订本协定；

（十）决定终止银行业务并分配银行资产；及

（十一）行使本协定明确规定属于理事会的其他权力。

三、对于理事会依照本条第二款授予董事会办理的任何事项，理事会均保留其执行决策的全部权力。

第二十四条 理事会：程序

一、理事会应举行年会，并按理事会规定或董事会要求召开其他会议。当五个银行成员提出请求时，董事会即可要求召开理事会会议。

二、当出席会议的理事超过半数，且所代表的投票权不低于总投票权三分之二时，即构成任何理事会会议的法定人数。

三、理事会应按照规定建立议事程序，允许董事会在毋需召集理事会会议的情况下取得理事对某一具体问题的投票表决，或在特殊情况下通过电子方式召开理事会会议。

四、理事会及董事会在授权范围内，可根据银行开展业务的必要性或适当性，设立附属机构、制定规章制度。

第二十五条 董事会：构成

一、董事会应由十二名成员组成，董事会成员不得兼任理事会成员，其中：

（一）九名应由代表域内成员的理事选出；

（二）三名应由代表域外成员的理事选出。

董事应是在经济与金融事务方面具有较强专业能力的人士，并应根据本协定附件二选举产生。董事所代表的成员包括选其做董事的理事所属成员以及将选票委派给其的理事所属成员。

二、理事会应不定期审议董事会的规模与构成，并可依照第二十八条规定以超级多数投票形式，适当调整董事会的规模或构成。

三、每名董事应任命一名副董事，在董事缺席时代表董事行使全部权力。理事会应通过规则，允许一定数量以上成员选举产生的董事任命第二名副董事。

四、董事和副董事应为成员国的国民。不得同时有两名或两名以上董事同属一个国籍，也不得同时有两名或两名以上副董事同属一个国籍。副董事可参加董事会会议，但只有代表董事行使权力时才可以投票。

五、董事任期两年，可以连选连任。

（一）董事任职应持续至下任董事选定并就职。

（二）若在董事任期截止日前一百八十天以上时，董事职位出缺，须由选举该董事职位的相关理事根据附件二选出一名继任者，完成余下任期。此类选举须相关理事经半数以上所投投票权表决通过。若在董事任期截止日前一百八十天或以下时董事职位出缺，可由选举该董事职位的理事以上述同样方式选出一名继任者。

（三）在董事职位出缺期间，其副董事应代表董事行使除任命副董事之外的所有权力。

六、除非理事会另有决定，董事与副董事任职期间，银行不付薪酬，但银行可向其支付参加会议产生的合理支出。

第二十六条　董事会：权力

董事会负责指导银行的总体业务，为此，除行使本协定明确赋予的权力之外，还应行使理事会授予的一切权力，特别是：

（一）理事会的准备工作；

（二）制定银行的政策；并以不低于成员总投票权四分之三的多数，根据银行政策对银行主要业务和财务政策的决策，及向行长下放权力事宜做出决定；

（三）对第十一条第二款明确的银行业务做出决定；并以不低于成员总投票权四分之三的多数，就向行长下放相关权力做出决定；

（四）常态化监督银行管理与业务运营活动，并根据透明、公开、独立和问责的原则，建立以此为目的的监督机制；

（五）批准银行战略、年度计划和预算；

（六）视情成立专门委员会；并

（七）提交每个财年的经审计账目，由理事会批准。

第二十七条　董事会：程序

一、董事会应根据银行业务需要，全年定期召开会议。董事会在非常驻基础上运作，除非理事会依照第二十八条规定经超级多数投票通过，另行做出决定。董事会主席或三名董事提出要求，即可召开董事会会议。

二、当出席会议的董事人数超过半数，且其代表的投票权不低于成员总投票权的三分之二时，即构成任何董事会会议的法定人数。

三、理事会应订立规章，允许没有董事席位的成员，在董事会审议对该国有特别影响的事项时，可指派一名代表出席会议，但无投票权。

四、董事会应建立议事程序，允许董事会通过电子方式召开会议或者通过非会议方式对某一事项进行投票。

第二十八条　投票

一、每个成员的投票权总数是基本投票权、股份投票权以及创始成员享有的创始成员投票权的总和。

（一）每个成员的基本投票权是全体成员基本投票权、股份投票权和创始成员投票权总和的百分之十二在全体成员中平均分配的结果。

（二）每个成员的股份投票权与该成员持有的银行股份数相当。

（三）每个创始成员均享有六百票创始成员投票权。

如成员不能依照第六条足额缴付其任何到期的实缴股份金额，在全部缴清之前，其所能行使的投票权将等比例减少，减少比例为到期未缴金额与该成员实缴股份总面值的百分比。

二、理事会进行投票时，每名理事应有权行使其所代表成员的投票权。

（一）除本协定另有明确规定，理事会讨论的所有事项均应由所投投票权的简单多数决定。

（二）理事会超级多数投票通过指：理事人数占理事总人数三分之二以上、且所代表投票权不低于成员总投票权四分之三的多数通过。

（三）理事会特别多数投票通过指：理事人数占理事总人数半数以上、且所代表投票权不低于成员总投票权一半的多数通过。

三、在董事会投票时，每名董事均有权行使选举其担任董事的理事所拥有的投票权，以及任何根据附件二将投票权委派给其的理事拥有的投票权。

（一）有权代表一个以上成员投票的董事可代表这些成员分开投票。

（二）除本协定另有明确规定外，董事会讨论的所有问题，均应由所投投票权的简单多数决定。

第二十九条 行长

一、理事会通过公开、透明、择优的程序，依照第二十八条规定，经超级多数投票通过选举银行行长。行长应是域内成员国的国民。任职期间，行长不得兼任理事、董事或副理事、副董事。

二、行长任期五年，可连选连任一次。理事会可依照第二十八条规定经超级多数投票通过，决定中止或解除行长职务。

（一）若行长职位不论任何原因在任期结束前出缺，理事会应任命一名代理行长暂时履行行长职责，或依照本条第一款的规定，选举一名新行长。

三、行长担任董事会主席，无投票权，仅在正反票数相等时拥有决定票。行长可参加理事会会议，但无投票权。

四、行长是银行的法人代表，是银行的最高管理人员，应在董事会指导下开展银行日常业务。

第三十条　银行高级职员与普通职员

一、董事会应按照公开、透明和择优的程序，根据行长推荐任命一名或多名副行长。副行长的任期、行使的权力及其在银行管理层中的职责可由董事会决定。在行长出缺或不能履行职责时，应由一名副行长行使行长的权力，履行行长的职责。

二、根据董事会批准的规章，行长负责银行所有高级职员与普通职员的组织、任命与解雇，上述第一款规定的副行长职位除外。

三、在任命高级职员和普通职员及推荐副行长时，行长应以确保效率与技术能力达到最高标准为重要前提，适当考虑在尽可能广泛的区域地理范围内招聘人员。

第三十一条　银行的国际性

一、银行不得接受可能对其宗旨或职能产生任何损害、限制、歪曲或改变的特别基金、贷款或资助。

二、银行及其行长、高级职员和普通职员不得干预任何成员的政治事务，也不得在决策时受任何成员政治特性的影响。决策只应考虑经济因素。上述考虑应不偏不倚，以实现和落实银行的宗旨和职能。

三、银行行长、高级职员和普通职员在任职期间，完全对银行负责，而不对任何其他当局负责。银行每个成员都应尊重此项职责的国际性，在上述人员履行职责时，不得试图对其施加影响。

第六章 一般规定

第三十二条 银行办公室

一、银行总部设在中华人民共和国北京市。

二、银行可在其他地方建立机构或办公室。

第三十三条 沟通渠道；存托机构

一、每个成员都应指定一个合适的官方实体，以便银行通过该实体与成员就本协定下的任何问题进行沟通。

二、每个成员都应指定其中央银行或其他经成员与银行双方认可的类似机构作为存托机构，银行可将其持有的该成员货币资金及银行的其他资产存托于该机构。

三、银行可依照董事会决定将其资产存托于上述存托机构。

第三十四条 报告与信息

一、银行的工作语言为英语，银行在做出所有决定和依照本协定第五十四条规定进行解释时，应以本协定英语文本为准。

二、成员应向银行提供银行为履行职能而合理要求成员提供的信息。

三、银行应向其成员发送包括经审计账目报表的年度报告，并应公布上述报告。银行还应每季度向其成员发送银行财务状况总表及损益表，说明其业务经营状况。

四、银行应制定信息披露政策，以推动提高业务透明度。在银行认为对履行其宗旨与职能有益的情况下，可公布相关报告。

第三十五条 与成员及国际组织的合作

一、银行应与所有成员保持紧密合作，并在本协定条款范围内以其认为合适的方式，与其他国际金融机构及参与本地区经济发展或银行业务领域的国际机构紧密合作。

二、为实现与本协定一致的宗旨，经董事会批准，银行可与此类组织缔结合作安排。

第三十六条　指称

一、本协定中凡提及"条款"或"附件"，除非另外说明，皆指称本协定的条款和附件。

二、本协定中对具体性别的指称，同等适用于任何性别。

第七章　成员退出和资格中止

第三十七条　成员退出

一、任何成员均可随时以书面形式通知银行总部退出银行。

二、自通知指明的日期起，但该日期不得早于银行收到该通知之日起六（6）个月内，该成员退出即应生效，该成员之成员资格即应终止。但在退出最终生效前，该成员可随时以书面形式通知银行撤回其退出意向通知。

三、正在履行退出程序的成员对其在递交退出通知之日对银行负有的所有直接与或有债务继续负有责任。如退出最终生效，则该成员对银行在收到退出通知之日以后开展业务所引发的债务不承担任何责任。

第三十八条　成员资格中止

一、成员如不履行其对银行的义务，理事会可依照第二十八条规定经超级多数投票通过，中止其成员资格。

二、中止满一年后，该成员的银行成员资格自动终止，除非理事会在此一年内依照第二十八条规定经超级多数投票通过，同意恢复该成员的成员资格。

三、在成员资格中止期间，该成员除退出权外，无权行使本协定规定的任何权利，但将继续承担其全部义务。

第三十九条　账目清算

一、在成员资格终止之日后，该成员继续对其对银行的直接债务承担责任，并对成员资格终止前与银行所签订的贷款、担保、股权投资或依照第十一条第二款第（六）项规定的其他融资方式（以下简称"其他融资"）合同中尚未偿清部分形成的或有债务承担责任。但对成员资格终止后银行开展的贷款、担保、股权投资或其他融资不再承担债务责任，也不再分享银行收入或分担其支出。

二、在终止成员资格时，银行应依照本条第三款和第四款规定，对回购该国股份做出安排，作为与其清算账目的一部分。为此，股份回购价格应是该国终止成员资格当日银行账面所显示之价值。

三、银行依照本条回购股份时，应按照以下条件进行：

（一）在该国、其中央银行或其机构、单位或行政部门作为借款人、担保人或其他合同方仍对银行的股权投资或其他融资负有责任时，银行应从应付给该国的股份回购资金中予以扣除，并在此类债务到期时有权用所扣款项做出抵偿。但不得对该国因本协定第六条第三款规定的待缴股份所形成的或有负债扣留款项。因回购股份而应付给成员的款项，在任何情况下都只能在该国终止成员资格六个月之后方予支付。

（二）按照本条第二款规定的股份回购价格回购股份时，当应付给成员国的金额超过本款第（一）项中所指的到期应偿还贷款、担保、股权投资和其他融资的负债总额时，超出部分可在收到该国的相应股票凭证后随时支付，直至该国收回其股份回购的全部款项。

（三）付款使用的货币，由银行综合考虑其财务状况后决定。

（四）在成员资格终止之日，该国仍持有的对银行任何未偿清贷款、担保、股权投资或其他融资，如蒙受损失且损失金额超过资格终止当日银行计提的损失准备金额，应银行要求，该国应交还确定回购金额时如考虑上述损失而应相应减少的回购金额部分。此外，该国应依照本协定第六条第三款继续对该国认缴股份中未缴付部分承担缴付责任，其应缴付款额，与银行决定股份回购价格时如出现资本亏损且要求所有成员缴付待缴股份情况下的款额相同。

四、如银行在任何国家终止成员资格后的六个月内，依照本协定第四十一条终止业务，该国的一切权利应依照本协定第四十一至四十三条中的规定予以确定。对上述规定而言，该国仍应被视作成员，但无投票权。

第八章　银行业务中止与终止

第四十条　业务暂时中止

在紧急情况下，董事会在等待理事会做出进一步考虑和采取进一步行动之前，可暂停发放新的贷款、担保、股权投资和依照第十一条第二款第（六）项开展的其他形式的融资业务。

第四十一条　业务终止

一、依照第二十八条规定，经理事会超级多数投票通过决议，银行可终止银行业务。

二、业务终止后，除有序变卖、保护和保存资产以及清偿债务相关的活动外，银行应立即停止一切活动。

第四十二条　成员债务与债权支付

一、银行终止业务后，所有成员应继续承担对银行待缴股本的认缴责任以及因成员货币贬值导致的债务，直至债权人的所有债权，包括或有债权，都已全部清偿为止。

二、持有直接债权的所有债权人应首先从银行资产中得到偿付，然后从银行应收款项或未缴及待缴股本金中偿付。在对持有直接债权的债权人进行任何偿付之前，董事会应根据自身判断做出必要的安排，确保所有直接债权和或有债权持有人按比例得到偿付。

第四十三条 资产分配

一、基于各成员认缴的银行股本分配资产，必须：

（一）在对债权人的所有负债清偿完毕或做出安排之后方可进行；并且

（二）理事会依照第二十八条规定，经超级多数投票通过，决定进行上述分配。

二、银行向成员分配资产，应与各成员持有的股本成比例，并应在银行认为公正平等的时间和条件下生效。各种资产类型间的分配比例不必一致。任何成员在结清对银行的所有债务之前，无权获得资产分配。

三、任何成员依照本条获得资产分配时，其对所分配资产享有的权利，应与分配前银行对这些资产享有的权利相同。

第九章 法律地位、豁免权、特权及免税权

第四十四条 本章目的

一、为使银行能有效地实现其宗旨，履行其所担负的职责，银行在各成员境内享有本章所规定的法律地位、豁免权、特权及免税权。

二、各成员应迅速采取必要的行动，使本章各项规定在其境内生效，并将已采取的行动通知银行。

第四十五条 银行法律地位

银行具有完整的法律人格，特别是具备以下完整的法律能力：

（一）签订合同；

（二）取得与处置动产和不动产；

（三）提起和应对法律诉讼；

（四）为实现宗旨和开展活动采取的其他必要或有用的行动。

第四十六条　司法程序豁免

一、银行对一切形式的法律程序均享受豁免，但银行为筹资而通过借款或其他形式行使的筹资权、债务担保权、买卖或承销债券权而引起的案件，或者与银行行使这些权力有关的案件，银行不享有豁免。凡属这类案件，在银行设有办公室的国家境内，或在银行已任命代理人专门接受诉讼传票或通知的国家境内，或者在已发行或担保债券的国家境内，可向有充分管辖权的主管法院对银行提起诉讼。

二、尽管有本条第一款的各项规定，但任何成员、成员的任何代理机构或执行机构、任何直接或间接代表一个成员或成员的机构或单位的实体或个人、任何直接或间接从成员或成员的机构或单位获得债权的实体或个人，均不得对银行提起诉讼。成员应采用本协定、银行的细则及各种规章或与银行签订的合同中可能规定的特别程序，来解决银行与成员之间的争端。

三、银行的财产和资产，不论在何地和由何人所持有，在对银行做出最后裁决之前，均不得施以任何形式的没收、查封或强制执行。

第四十七条　资产和档案的豁免

一、银行的财产和资产，不论在何地和由何人所持有，均应免于任何行政或司法的搜查、征用、充公、没收或任何其他形式的占用或禁止赎回。

二、银行的档案及属于银行或由银行持有的所有文件，不论存放于何地和由何人持有，均不得侵犯。

第四十八条　资产免受限制

在有效实施银行宗旨和职能所需范围内，并在遵照本协定规定的情况下，银行的一切财产和资产不受任何性质的限制、管理、管制和延缓偿付的约束。

第四十九条 通讯特权

成员给予银行的官方通讯待遇，应与其给予其他成员的官方通讯待遇相同。

第五十条 银行高级职员和普通职员的豁免与特权

银行的全体理事、董事、副理事、副董事、行长、副行长及高级职员和普通职员，包括为银行履行职能或提供服务的专家和咨询顾问，应享有以下豁免和特权：

（一）对于其以公务身份从事的行为应享有法律程序的豁免，除非银行主动放弃此项豁免，且其持有的官方文件、文档和记录不可侵犯；

（二）若其不是所在国公民或国民，则其在入境限制、外国人登记要求和国民服役方面享有豁免权，并在外汇管制方面享有该成员给予其他成员同等级别的代表、官员和职员的同样的便利；

（三）在差旅期间享受的便利应与该成员给予其他成员同等级别的代表、官员和职员的待遇相同。

第五十一条 税收免除

一、银行及其根据本协定拥有的资产、财产、收益、业务和交易，应免除一切税收和关税，并应免除银行缴纳、代扣代缴或征收任何税收或关税的义务。

二、对银行给付董事、副董事、行长、副行长以及其他高级职员和普通职员，包括为银行履行职能或提供服务的专家和咨询顾问的薪资、报酬和费用不予征税。除非成员在递交批准书、接受书或核准书时，声明该成员及其行政部门对银行向该成员公民或国民支付的薪资和报酬保留征税的权利。

三、对于银行发行的任何债券或证券，包括与此有关的红利和利息，不论由何人持有，均不得因下列原因而征收任何种类的税收：

（一）仅因为此类债券或证券是由银行发行而加以歧视；或

（二）仅以该项债券或证券的发行、兑付或支付的地点或所使用的货币种类，或因银行设立办公室或开展业务的地点为行使税收管辖权的唯一依据而征税。

四、对于银行担保的任何债券或证券，包括有关的红利和利息，不论由何人持有，均不得因下列原因而征收任何种类的税收：

（一）仅因为此类债券或证券是由银行担保而加以歧视；或

（二）仅以银行设立办公室或开展业务的地点为行使税收管辖权的唯一依据而征税。

第五十二条　放弃豁免

一、银行可自行决定在任何情况或事例中，以其认为最有利于银行的方式和条件，放弃本章赋予其的任何特权、豁免和免税权。

第十章　修改、解释和仲裁

第五十三条　修改

一、本协定只有在理事会依照第二十八条规定经超级多数投票通过决议后方可进行修改。

二、虽有本条第一款的规定，但对以下各项的修改须经理事会全票通过后方可进行：

（一）退出银行的权利；

（二）第七条第三款和第四款规定的对负债的各种限制；及

（三）第五条第四款规定的关于购买股本的各项权利。

三、有关本协定的任何修改建议，不论是由成员还是董事会提出，均应送交理事会主席，再由其提交理事会。相关修订一经通过，银行应以正式函件形式通知所有成员。该修订也将于正式函件发出之日起三个月后对所有成员生效，但理事会在正式函件中另外有规定者不受此限。

第五十四条　解释

一、成员与银行之间或成员之间在解释或实施本协定规定发生疑问时，应提交董事会决定。如董事会审议的问题与某个成员有特殊关系而董事会无该成员国籍的董事时，该成员有权派代表直接参加董事会会议，但该代表没有投票权。该代表的权利应由董事会规定。

二、董事会做出本条第一款下的决定后，任何成员仍可要求将问题提交理事会讨论，由理事会做出最终裁决。在理事会做出裁决之前，如果银行认为必要，可根据董事会的决定行事。

第五十五条　仲裁

在银行与已终止成员资格的国家之间，或者在银行通过终止银行业务的决议之后银行与成员之间发生争议，应提交由三名仲裁员组成的法庭进行仲裁。仲裁员中，一名由银行任命；一名由涉事国家任命；除双方另有协定外，第三名由国际法院院长或银行理事会通过的规章中规定的其他当局指定。仲裁员以简单多数做出决定，该仲裁决定为最终裁决，对双方均有约束力。双方在程序问题上有争议时，第三名仲裁员应有权处理全部程序问题。

第五十六条　默许同意

除本协定第五十三条第二款所列情况之外，银行采取任何行动前，如需征得任何成员同意，应将拟议中的行动通知该成员。如该成员未在银行通知中规定的合理时间内提出反对意见，即应视为业已获得该成员的同意。

第十一章　最后条款

第五十七条　签署和保存

一、本协定由中华人民共和国政府（以下简称"保存人"）保存，本协定附件一所列各国政府应在二〇一五年十二月三十一日前完成签署。

二、保存人应将本协定经过核定无误的副本寄给所有签署方及其他已成为银行成员的国家。

第五十八条　批准、接受或核准

一、本协定须经签署方批准、接受或核准。批准书、接受书或核准书应于二〇一六年十二月三十一日之前向保存人交存，或如有必要，在理事会依照本协定第二十八条规定经特别多数投票通过的稍晚日期之前向保存人交存。保存人应及时将每次交存及交存日期通知其他签署方。

二、在本协定生效日之前交存批准书、接受书或核准书的签署方，在协定生效之日成为银行成员。任何其他履行本条第一款规定的签署方，在交存批准书、接受书或核准书之日起成为银行成员。

第五十九条　生效

至少有十个签署方已交存批准书、接受书或核准书，且签署方在本协定附件一列出初始认缴股本的加总数额不少于认缴股本总额的百分之五十，本协定即告生效。

第六十条　首次会议和开业

一、本协定一经生效，每个成员均应任命一名理事，保存人应即召集首次理事会会议。

二、在首次会议上，理事会应：

（一）选举行长；

（二）依照本协定第二十五条第一款规定选举银行董事，考虑到成员数量和尚未成为成员的签署方数量，理事会可决定，在最初不超过两年的时间内，选举较少数量的董事。

（三）对银行开业日期做出安排；及

（四）为准备银行开业做出其他必要安排。

三、银行应将其开业日期通知各成员。

本协定于二〇一五年六月二十九日在中华人民共和国北京签署，仅一份正本，交存保存人；文本分别以英文、中文和法文写成，同等作准。

附件一

依照第五十八条可成为银行成员的国家法定股本初始认缴额

	股份数量	认缴股本（百万美元）
第一部分：域内成员		
澳大利亚	36912	3691.2
阿塞拜疆	2541	254.1
孟加拉国	6605	660.5
文莱	524	52.4
柬埔寨	623	62.3
中国	297804	29780.4
格鲁吉亚	539	53.9
印度	83673	8367.3
印度尼西亚	33607	3360.7
伊朗	15808	1580.8
以色列	7499	749.9
约旦	1192	119.2

续表

	股份数量	认缴股本（百万美元）
哈萨克斯坦	7293	729.3
韩国	37388	3738.8
科威特	5360	536.0
吉尔吉斯斯坦	268	26.8
老挝	430	43.0
马来西亚	1095	109.5
马尔代夫	72	7.2
蒙古国	411	41.1
缅甸	2645	264.5
尼泊尔	809	80.9
新西兰	4615	461.5
阿曼	2592	259.2
巴基斯坦	10341	1034.1
菲律宾	9791	979.1
卡塔尔	6044	604.4
俄罗斯	65362	6536.2
沙特阿拉伯	25446	2544.6
新加坡	2500	250.0
斯里兰卡	2690	269.0
塔吉克斯坦	309	30.9
泰国	14275	1427.5
土耳其	26099	2609.9
阿联酋	11857	1185.7
乌兹别克斯坦	2198	219.8
越南	6633	663.3
未分配股份	16150	1615.0
合计	750000	75000.0
第二部分：域外成员		
奥地利	5008	500.8

续表

	股份数量	认缴股本（百万美元）
巴西	31810	3181.0
丹麦	3695	369.5
埃及	6505	650.5
芬兰	3103	310.3
法国	33756	3375.6
德国	44842	4484.2
冰岛	176	17.6
意大利	25718	2571.8
卢森堡	697	69.7
马耳他	136	13.6
荷兰	10313	1031.3
挪威	5506	550.6
波兰	8318	831.8
葡萄牙	650	65.0
南非	5905	590.5
西班牙	17615	1761.5
瑞典	6300	630.0
瑞士	7064	706.4
英国	30547	3054.7
未分配股份	2336	233.6
合计	250000	25000.0
总计	1000000	100000.0

附件二 选举董事

理事会应依照以下规定制定历次董事的选举规则：

一、选区：每个选区的董事应代表一个或多个成员。每个选区的投票权总数应包括该选区董事依照本协定第二十八条第三款规定所享有的所有投票权。

二、选区投票权：在每次选举中，理事会应为即将由域内理事选出的董事（域内董事）所代表的域内选区设定最低选区投票权百分比，为即将由域外理事选出的董事（域外董事）所代表的域外选区设定最低选区投票权百分比。

（一）域内董事当选的最低百分比，应为其享有的投票权占代表域内成员参与投票的理事（域内理事）投票权总数的一定百分比。域内董事当选的初始最低百分比为6%。

（二）域外董事当选的最低百分比，应为其享有的投票权占代表域外成员参与投票的理事（域外理事）投票权总数的一定百分比。域外董事当选的初始最低百分比为15%。

三、调整百分比：如需依照下述第七段规定进行多轮投票，为调整不同选区的投票权，理事会应在每次选举时，分别为域内董事和域外董事设定当选的调整百分比。每个调整百分比应高于其相对应的最低百分比。

（一）域内董事的调整百分比应设定为其享有的投票权占域内理事投票权总数的一定百分比。域内董事当选的初始调整百分比为15%。

（二）域外董事的调整百分比，应设定为其享有的投票权占域外理事投票权总数的一定百分比。域外董事当选的初始调整百分比为60%。

四、候选人数量：每次选举时，理事会应依照本协定第二十五条第二款决定的董事会规模和组成，确定域内董事和域外董事的数量。

（一）域内董事的初始数量为九名。

（二）域外董事的初始数量为三名。

五、提名：每位理事只能提名一人。域内董事的候选人应由域内理事提名，域外董事的候选人应由域外理事提名。

六、投票：依照本协定第二十八条第一款规定，每位理事应将其所代表成员的全部投票权投予一个候选人。域内董事应由域内理事投票选出。域外董事应由域外理事投票选出。

七、第一轮投票：在第一轮投票中，得票最多且达到选举董事票数要求的候选人当选为董事，为此，候选人所得票数应达到适用的最低百分比要求。

（一）如果在第一轮投票中，没有选举出规定数量的董事，且候选人数量等于待选出董事的数量，理事会应就后续行动做出决定，视情完成域内董事或域外董事的选举。

八、后续投票：如果在第一轮投票中没有选举出规定数量的董事，且候选人数量多于待选出董事的数量，应继续进行必要轮次投票。后续的投票规则如下：

（一）在前一轮投票中得票最少的候选人，不再参加下轮投票。

（二）可进行投票的只有：（1）在上一轮投票中，所投候选人没有当选的理事；（2）所投候选人当选，但依照下述第（三）点，其所投票数使该当选者所得票数超过适用的调整百分比的理事。

（三）应按照票数降序，将每位候选人得到的理事票数依次加总，直至超过适用的调整百分比。被计入该投票权加总计算的理事，应被认为将其所有投票权投予该董事，包括其投票使该候选人所得总票数超过调整百分比的理事。没有计入该投票权加总计算的理事，应被认为使得候选人所得票数超过调整百分比，这些理事的投票权不应计入对该候选人的投票。这些理事可以在下一轮选举中进行投票。

（四）如果在接下来的投票中，只剩下一名董事未选出，可用所有剩余的票数以简单多数的方式进行选举。这些剩余的票数应被视为全部投予最后一名选出的董事。

九、委派投票：任何没有参加选举投票的理事，或者其投票没有计入当选董事票数的理事，可在征得选举某当选董事的所有理事同意后，将其投票权委派给该董事。

十、创始成员特权：理事在提名董事和进行投票时，以及董事在任命副董事时应尊重以下原则，即每个创始成员应有权在其选区内永久担任或轮流担任董事或副董事。

附 录 二

亚投行成员、认缴股本与投票权

成员	认缴股本日期	认缴股本（百万美元）	认缴股本比（%）	投票权	投票权占比（%）
域内					
阿富汗	2017 年 10 月 13 日	86.6	0.0898	2807	0.2479
澳大利亚	2015 年 12 月 25 日	3691.2	3.8289	39453	3.4843
阿塞拜疆	2016 年 6 月 24 日	254.1	0.2636	5082	0.4488
巴林	2018 年 8 月 24 日	103.6	0.1075	2977	0.2629
孟加拉国	2016 年 3 月 22 日	660.5	0.6851	9146	0.8077
文莱	2015 年 12 月 25 日	52.4	0.0544	3065	0.2707
柬埔寨	2016 年 5 月 17 日	62.3	0.0646	3164	0.2794
中国	2015 年 12 月 25 日	29780.4	30.8913	300345	26.5250
塞浦路斯	2018 年 6 月 25 日	20.0	0.0207	2141	0.1891
斐济	2017 年 12 月 11 日	12.5	0.0130	2066	0.1825
格鲁吉亚	2015 年 12 月 25 日	53.9	0.0559	3080	0.2720
中国香港	2017 年 6 月 7 日	765.1	0.7936	9592	0.8471
印度	2016 年 1 月 11 日	8367.3	8.6794	86214	7.6140
印度尼西亚	2016 年 1 月 14 日	3360.7	3.4861	36148	3.1924
伊朗	2017 年 1 月 16 日	1580.8	1.6398	18349	1.6205
以色列	2016 年 1 月 15 日	749.9	0.7779	10040	0.8867
约旦	2015 年 12 月 25 日	119.2	0.1236	3733	0.3297

成员	认缴股本日期	认缴股本 （百万美元）	认缴股本比 （%）	投票权	投票权占比 （%）
哈萨克斯坦	2016 年 4 月 18 日	729.3	0.7565	9834	0.8685
韩国	2015 年 12 月 25 日	3738.7	3.8782	39928	3.5262
吉尔吉斯斯坦	2016 年 4 月 11 日	26.8	0.0278	2809	0.2481
老挝	2016 年 1 月 15 日	43.0	0.0446	2971	0.2624
马来西亚	2017 年 3 月 27 日	109.5	0.1136	3636	0.3211
马尔代夫	2016 年 1 月 4 日	7.2	0.0075	2613	0.2308
蒙古国	2015 年 12 月 25 日	41.1	0.0426	2952	0.2607
缅甸	2015 年 12 月 25 日	264.5	0.2744	5186	0.4580
尼泊尔	2016 年 1 月 13 日	80.9	0.0839	3350	0.2959
新西兰	2015 年 12 月 25 日	461.5	0.4787	7156	0.6320
阿曼	2016 年 6 月 21 日	259.2	0.2689	5133	0.4533
巴基斯坦	2015 年 12 月 25 日	1034.1	1.0727	12882	1.1377
菲律宾	2016 年 12 月 28 日	979.1	1.0156	12332	1.0891
卡塔尔	2016 年 6 月 24 日	604.4	0.6269	8585	0.7582
俄罗斯	2015 年 12 月 28 日	6536.2	6.7800	67903	5.9969
萨摩亚	2018 年 4 月 3 日	2.1	0.0022	1962	0.1733
沙特阿拉伯	2016 年 2 月 19 日	2544.6	2.6395	27987	2.4717
新加坡	2015 年 12 月 25 日	250.0	0.2593	5041	0.4452
斯里兰卡	2016 年 6 月 22 日	269.0	0.2790	5231	0.4620
塔吉克斯坦	2016 年 1 月 16 日	30.9	0.0321	2850	0.2517
泰国	2016 年 6 月 20 日	1427.5	1.4808	16816	1.4851
东帝汶	2017 年 11 月 22 日	16.0	0.0166	2101	0.1856
土耳其	2016 年 1 月 15 日	2609.9	2.7073	28640	2.5293
阿联酋	2016 年 1 月 15 日	1185.7	1.2299	14398	1.2716
乌兹别克斯坦	2016 年 11 月 30 日	219.8	0.2280	4739	0.4185
瓦努阿图	2018 年 3 月 6 日	0.5	0.0005	1946	0.1719

续表

成员	认缴股本日期	认缴股本 （百万美元）	认缴股本比 （％）	投票权	投票权占比 （％）
越南	2016 年 4 月 11 日	663.3	0.6880	9174	0.8102
域内总计	—	73855.3	76.6104	845557	74.6755
域外					
奥地利	2015 年 12 月 25 日	500.8	0.5195	7549	0.6667
白俄罗斯	2019 年 1 月 17 日	64.1	0.0665	2582	0.2280
加拿大	2018 年 3 月 19 日	995.4	1.0325	11895	1.0505
丹麦	2016 年 1 月 15 日	369.5	0.3833	6236	0.5507
埃及	2016 年 8 月 4 日	650.5	0.6748	9046	0.7989
埃塞俄比亚	2017 年 5 月 13 日	45.8	0.0475	2399	0.2119
芬兰	2016 年 1 月 7 日	310.3	0.3219	5644	0.4985
法国	2016 年 6 月 16 日	3375.6	3.5015	36297	3.2056
德国	2015 年 12 月 25 日	4484.2	4.6515	47383	4.1846
匈牙利	2017 年 6 月 16 日	100.0	0.1037	2941	0.2597
冰岛	2016 年 3 月 4 日	17.6	0.0183	2717	0.2400
爱尔兰	2017 年 10 月 23 日	131.3	0.1362	3254	0.2874
意大利	2016 年 7 月 13 日	2571.8	2.6677	28259	2.4957
卢森堡	2015 年 12 月 25 日	69.7	0.0723	3238	0.2860
马达加斯加	2018 年 6 月 25 日	5.0	0.0052	1991	0.1758
马耳他	2016 年 1 月 7 日	13.6	0.0141	2677	0.2364
荷兰	2015 年 12 月 25 日	1031.3	1.0698	12854	1.1352
挪威	2015 年 12 月 25 日	550.6	0.5711	8047	0.7107
波兰	2016 年 6 月 15 日	831.8	0.8628	10859	0.9590
葡萄牙	2017 年 2 月 8 日	65.0	0.0674	3191	0.2818
罗马尼亚	2018 年 12 月 28 日	153.0	0.1587	3471	0.3065
西班牙	2017 年 12 月 15 日	1761.5	1.8272	20156	1.7801
苏丹	2018 年 9 月 13 日	59.0	0.0612	2531	0.2235

成员	认缴股本日期	认缴股本 （百万美元）	认缴股本比 （%）	投票权	投票权占比 （%）
瑞典	2016 年 6 月 23 日	630.0	0.6535	8841	0.7808
瑞士	2016 年 4 月 25 日	706.4	0.7328	9605	0.8483
英国	2015 年 12 月 25 日	3054.7	3.1687	33088	2.9222
域外总计	—	22548.5	23.3896	286751	25.3245
总计	—	96403.8	100.0000	1132308	100.0000

注：截至 2019 年 1 月 21 日。

资料来源：亚投行。

参考文献

Adam S. Posen, "The Post-American World Economy: Globalization in the Trump Era", *Foreign Affairs*, Vol. 97, No. 2, 2018.

ADB, *Annual Report 2014: Improving Lives throughout Asia and the Pacific*, 2014.

ADB, *Annual Report 2017: Sustainable Infrastructure for Future Needs*, April 2018.

ADB, *Asian Development Bank Financial Report 2017: Management's Discussion and Analysis and Annual Financial Statements*, December 31, 2017.

ADB, *Asian Economic Integration Monitor*, November 2014.

ADB, *Strategy 2030: Achieving a Prosperous, Inclusive, Resilient, and Sustainable Asia and the Pacific*, July 2018.

AIIB, *Auditor's Review Report Condensed Financial Statements (Unaudited) for the Nine Months Ended September 30, 2018.*

AIIB, *Auditor's Report and Financial Statements for the Period from 16 January 2016 (Date of Commencement of Operations) to 31 December, 2016.*

AIIB, *Auditor's Report and Financial Statements for the Year Ended Decem-*

ber *31*, 2017.

Bin, Gu, *The Law and Governance of the Asian Infrastructure Investment Bank*, Wolters Kluwer, 2018.

IBRD Corporate Secretariat, *International Bank for Reconstruction and Development Subscriptions and Voting Power of Member Countries*, January 17, 2019.

IMF, *Reform of Quota and Voice in the International Monetary Fund — Report of the Executive Board to the Board of Governors*, March 28, 2008.

IMF, *World Economic Outlook*: *Challenges to Steady Growth*, October 2018.

Natalie Lichtenstein, *A Comparative Guide to the Asian Infrastructure Investment Bank*, Oxford University Press, 2018.

Ministry of Foreign Affairs and Trade of New Zealand, *The New Zealand-Singapore-Chile-Brunei Darussalam Trans-Pacific Strategic Economic Partnership*, Wellington, 2005.

Cheryl Payer, *The World Bank*: *A Critical Analysis*, Monthly Review Press, 1982.

Peter A. Petri, and Michael G. Plummer, *The Trans-Pacific Partnership and Asia-Pacific Integration*: *Policy Implications*, Peterson Institute for International Economics Policy Brief PB12 – 16, June 2012.

UNCTAD, *World Investment Report 2018*: *Investment and New Industrial Policies*, 2018.

Ming Wan, *The Asian Infrastructure Investment Bank*: *The Construction of Power and the Struggle for the East Asian International Order*, Palgrave Macmillan, 2015.

WTO，*World Trade Report 2018：The Future of World Trade：How Digital Technologies Are Transforming Global Commerce*，2018.

陈绍锋：《亚投行：中美亚太权势更替的分水岭?》，《美国研究》2015 年第 3 期。

陈伟光、王欢、蔡伟宏：《多边开发银行体系中的亚投行：一个比较分析框架》，《当代财经》2017 年第 7 期。

储殷、高远：《加入亚投行：英国为何要"抢先"》，《世界知识》2015 年第 7 期。

丁开艳：《金立群解读亚投行创新理念》，《清华金融评论》2016 年第 1 期。

冯维江：《为什么是英国——亚投行背后的博弈》，《当代金融家》2015 年第 4 期。

冯维江、徐秀军：《一带一路：迈向治理现代化的大战略》，机械工业出版社 2016 年版。

傅梦孜：《如何看待亚投行的影响?》，《现代国际关系》2015 年第 5 期。

高蓓、郑联盛、张明：《亚投行如何获得 AAA 评级——基于超主权信用评级方法的分析》，《国际金融研究》2016 年第 2 期。

耿楠：《多边开发金融体系新成员：创新与合作——新开发银行与亚投行机制研究》，《国际经济合作》2016 年第 1 期。

顾宾：《亚投行的治理结构》，《中国金融》2015 年第 13 期。

郭可为：《亚投行：大国博弈与亚洲新机遇》，《中国产经》2015 年第 4 期。

胡滨：《亚投行启行——我们未来的路》，《商业文化》2015 年第 20 期。

黄梅波、陈娜：《亚洲基础设施投资银行的运营空间及竞争力分析》，《海外投资与出口信贷》2015 年第 4 期。

吉洁、国世平：《亚投行、亚行和世界银行的比较分析》，《武汉金融》2016 年第 12 期。

金立群：《大国责任：亚投行筹建"进行时"》，《金融市场研究》2015 年第 4 期。

金立群：《亚投行：国际经济金融合作发展"推进器"》，《人民日报》2016 年 1 月 5 日第 007 版。

金立群：《亚投行：国际经济金融合作发展"推进器"》，《中国财政》2016 年第 3 期。

邝梅、谢超：《比较视角下的亚投行治理结构》，《河北学刊》2017 年第 5 期。

李罡：《欧洲主要国家何以加入亚投行?》，《社会观察》2015 年第 4 期。

李巍：《亚投行：构建新的金融格局》，《新产经》2015 年第 4 期。

李众敏、吴凌燕：《世界银行治理改革的问题与建议》，《中国市场》2012 年第 29 期。

廖凡：《比较视野下的亚投行贷款条件研究》，《法学杂志》2016 年第 6 期。

廖中新、蔡栋梁、高菲：《亚投行运营模式及其发展前景》，《财经科学》2016 年第 3 期。

凌胜利：《"亚投行"为中国外交新理念添彩》，《中国投资》2015 年第 10 期。

凌胜利：《亚投行：中国提供国际公共产品的重要尝试》，《当代世界》2016 年第 10 期。

刘东民、高蓓：《亚投行：发起、运营与挑战》，《中国财政》2016 年第 3 期。

刘东民、李远芳、熊爱宗等：《亚投行的战略定位与业务创新模式》，《国际经济评论》2017 年第 5 期。

刘东民：《"G20 与中国"：亚投行的愿景与治理》，外文出版社 2016 年版。

刘军红：《美日旁观亚投行折射其对世界陈腐的认知》，《现代国际关系》2015 年第 5 期。

刘翔峰：《亚投行在国际发展融资体系中将成为重要支柱》，《全球化》2016 年第 7 期。

刘音：《国际多边开发银行政策贷款条件性的国际法问题研究》，云南美术出版社 2010 年版。

罗晶：《亚投行该怎么玩——专访欧洲复兴开发银行总裁苏玛·沙克拉巴蒂勋爵》，《南方能源观察》2015 年第 7 期。

倪建军：《亚投行与亚行等多边开发银行的竞合关系》，《现代国际关系》2015 年第 5 期。

庞中英主编：《亚投行：全球治理的中国智慧》，人民出版社 2016 年版。

庞中英、羌建新、徐秀军：《亚投行："交锋"刚刚开始》，《世界知识》2015 年第 10 期。

羌建新：《金砖银行、亚投行运营面临哪些新挑战》，《世界知识》2015 年第 15 期。

羌建新：《吸收新成员：亚投行呈现强劲发展态势》，《世界知识》2017 年第 8 期。

邵宇：《泛亚铁路、高铁外交与全球化 4.0》，《证券时报》2014 年 8

月 30 日第 A03 版。

沈铭辉、张中元：《亚投行：利益共同体导向的全球经济治理探索》，《亚太经济》2016 年第 2 期。

孙杰：《"一带一路"与亚债市场可以双赢》，《经济参考报》2015 年 5 月 28 日。

孙倩：《孟中印缅经济走廊：商路和心路》，《亚太日报》2015 年 2 月 16 日。

孙伊然：《亚投行、"一带一路"与中国的国际秩序观》，《外交评论》2016 年第 1 期。

王碧珺、张明：《发达国家加入亚投行的意义》，《中国金融》2015 年第 7 期。

王达项、卫星：《亚投行的全球金融治理意义、挑战与中国的应对》，《国际观察》2015 年第 5 期。

王红英、郭子睿：《亚投行：新的布雷顿森林体系？中国的全面胜利？》，《国际经济评论》2015 年第 4 期。

王金波：《亚投行与全球经济治理体系的完善》，《国外理论动态》2015 年第 12 期。

王灵桂主编：《国外智库看"亚投行"》，社会科学文献出版社 2015 年版。

王灵桂主编：《全球战略观察报告——国外智库看"亚投行"》，中国社会科学出版社 2016 年版。

王灵桂主编：《全球战略观察报告——国外智库看"亚投行"（Ⅱ）》，中国社会科学出版社 2017 年版。

王毅、李福建：《澳大利亚加入亚投行：利益权衡的选择？》，《当代世界》2015 年第 5 期。

王勇：《亚投行与"一带一路"如何重塑亚洲的政经格局》，《中国对外贸易》2015 年第 8 期。

王勇：《亚投行与全球经济治理的改革》，《WTO 经济导刊》2015 年第 6 期。

文洋、陈建奇：《关于亚投行的四个问题》，《理论视野》2015 年第 4 期。

谢世清、胡东：《亚投行的国际挑战与应对策略》，《亚太经济》2017 年第 1 期。

徐刚、司文、陈璐：《欧洲加入亚投行的原因和影响探析》，《现代国际关系》2015 年第 5 期。

徐奇渊：《亚投行对全球金融治理体系的作用和影响》，《领导科学论坛》2017 年第 4 期。

徐奇渊：《亚投行发展融资理念：应以全球价值链合作为出发点》，《国际经济评论》2015 年第 4 期。

徐奇渊：《亚投行怎样扎实走好下一步》，《人民论坛》2015 年第 12 期。

徐习军：《新亚欧大陆桥运输现状、问题与对策》，《大陆桥视野》2013 年第 4 期。

徐秀军：《国际货币基金组织在改革中求进》，《当代金融家》2016 年第 1 期。

徐秀军：《缓慢推进的世界银行治理改革》，《当代金融家》2015 年第 9 期。

徐秀军：《加盟亚投行，西方国家缘何分道扬镳》，《当代金融家》2015 年第 5 期。

徐秀军：《全球化时代的大国战略竞争》，《世界知识》2018 年第

2 期。

徐秀军：《全球经济治理在变革中孕育新结构》，《海外投资与出口信贷》2013 年第 5 期。

徐秀军：《新兴经济体与全球经济治理结构转型》，《世界经济与政治》2012 年第 10 期。

徐秀军：《亚投行的业务运营风险控制》，《中国金融》2018 年第 20 期。

徐秀军：《亚投行幕后的大国博弈》，《中国国防报》2015 年 6 月 2 日第 22 版。

徐秀军：《亚洲开发银行的治理结构与战略调整》，《当代金融家》2015 年第 11 期。

亚洲开发银行：《2020 战略：亚洲开发银行 2008—2020 年长期战略框架》，2008 年。

亚洲开发银行：《推进减贫议程：亚洲开发银行长期战略框架（2001年—2015 年)》，2001 年。

亚洲开发银行研究院编：《亚洲基础设施建设》，邹湘、智银风等译，社会科学文献出版社 2012 年版。

张伟：《亚投行对国际金融治理的贡献、挑战与发展建议》，《国外理论动态》2016 年第 11 期。

张文木：《亚投行的时代意义——世界权力体系转移及中国面临的机遇和风险》，《中国投资》2015 年第 5 期。

张运成：《审视亚投行的三个"坐标"》，《现代国际关系》2015 年第 5 期。

赵骏、金晶：《亚投行与现有多边开发银行的关系定位、澄清和协调》，《太平洋学报》2017 年第 5 期。

赵柯:《欧盟亚太政策转向"新接触主义"?——理解欧盟国家加入亚投行的行为逻辑》,《欧洲研究》2015 年第 2 期。

钟伟、张明、王天龙:《亚投行:搅动国际金融体系的新活力》,《中国外汇》2015 年第 9 期。

周宏达:《亚投行:从理念到现实——金立群阐述亚投行蓝图》,《中国金融家》2015 年第 5 期。

朱宏春:《中国如何应对亚投行治理和运营中的挑战?》,《南方金融》2015 年第 6 期。

朱美环:《新亚欧大陆桥为何遭冷落?》,《中国交通报》2003 年 12 月 9 日。

后　记

　　亚投行是中国倡导成立的首个多边开发银行。它将基础设施互联互通作为重要目标和使命，这在全球开发性金融机构中，也属首例。它不仅面向符合条件的亚洲经济体开放，也面向符合条件的其他地区经济体开放。多元化的成员不仅使其拥有了覆盖全球的辐射力，也让其尽可能地汇聚各方优势和力量。它在治理结构和运营方式上的创新，让其拥有了相对其他多边和双边开发机构更高的效率和信誉，并且在开业不到两年的时间内就获得了所有全球主要评级机构的最高信用评级。基于这些原因，国际社会对亚投行高度关注。

　　亚投行不仅是变革时代的产物，也是世界格局深度调整的反映。无论是对从事国际经济还是国际关系的研究者而言，亚投行都提供了鲜活的研究案例和素材。早在2015年6月《亚投行协定》签署时，我同我的同事冯维江博士计划写一本关于亚投行的书，并设想从国际政治经济学理论视角对亚投行进行深入探讨。次月，我受邀在上海参加金砖国家新开发银行开业仪式时，还曾就此事与时任亚投行筹建多边临时秘书处秘书长的金立群先生交流过。他表达了对这一想法的支持，但也表示了担心，担心没有多少内容可写，也担心形势变化太快。由于写作心切，当时对此不以为然。后来开始写作时，才发现我们所遇到的问题正如金先生所料，供分析和研究的相关数据十分有限。

　　由于亚投行仍处于初创期的快速成长阶段，不断取得新的进展，我们所写的内容虽经过多次更新也无法即时反映形势的变化，出版计划一拖再拖。而对于一些问题的深入分析，也考虑到对亚投行日新月异的鲜活实践的观察还不够充分，从中凝练概括出一般性命题的时机还不成熟，将其作为案例也难免会让分析缺乏足够的支撑，于是在决定出版时删除了几个章节的内容。为此，我们主要立足分析亚投行成立的时代背景、成立进程、机制设计和愿景使命等，旨在为读者认识和了解亚投行提供一个基础性的全景式扫描，并在此基础上提出要探讨的新问题，从而不断推动亚投行研究的深入发展。而亚投行在推动相关理论创新方面的价值，有待今后进一步的挖掘。

　　本书是我与冯维江研究员继《一带一路：迈向治理现代化的大战略》一书后又一次合作研究的成果。在选题设计和内容上，我们进行了多次讨论，并于 2016 年就初步完成了本书初稿。本书部分内容的早期版本曾发表在《中国金融》《当代金融家》《世界知识》等杂志和报刊上，更新后被收录在本书中。在具体写作分工上，冯维江研究员负责撰写第五章，其余各章由我负责撰写。全书最后由我完成统稿。

　　作为中国社会科学院世界经济与政治研究所国际政治经济学研究丛书之一，本书得到了丛书主编中国社会科学院学部委员、世界经济与政治研究所所长张宇燕研究员的指导和帮助，并由他撰写了丛书序言。我们对此表示诚挚谢意。

　　本书的研究工作还得到了中国社会科学院学科建设"登峰战略"资助计划国际政治经济学"优势学科建设"项目和中国社会科学院亚洲研究项目"大国博弈下的亚洲基础设施投资银行及其影响"的资

助。在研究、写作和出版过程中，中国社会科学院国际合作局亚非处处长刘影翔女士、中国社会科学出版社总编辑助理兼重大项目出版中心主任王茵女士和编辑郭枭博士给予了大力支持。在此，我们一并表示感谢。

尽管本书的写作与出版得到了各方帮助，但受时间和水平所限，需要进一步分析和讨论的地方还有很多。我们希望更多的学者关注亚投行问题的研究，并殷切期望广大读者提出批评意见和宝贵建议。

徐秀军

2019 年 2 月